# BEI GRIN MACHT SICH IHR WISSEN BEZAHLT

- Wir veröffentlichen Ihre Hausarbeit,
  Bachelor- und Masterarbeit

- Ihr eigenes eBook und Buch -
  weltweit in allen wichtigen Shops

- Verdienen Sie an jedem Verkauf

## Jetzt bei www.GRIN.com hochladen und kostenlos publizieren

**Bibliografische Information der Deutschen Nationalbibliothek:**

Die Deutsche Bibliothek verzeichnet diese Publikation in der Deutschen National-
bibliografie; detaillierte bibliografische Daten sind im Internet über http://dnb.d-
nb.de/ abrufbar.

**Impressum:**

Copyright © 2011 GRIN Verlag, Open Publishing GmbH
Druck und Bindung: Books on Demand GmbH, Norderstedt Germany
ISBN: 978-3-668-19785-5

**Dieses Buch bei GRIN:**

http://www.grin.com/de/e-book/319819/wir-arbeiten-gemeinsam-ein-konzept-zur-
anbahnung-kooperativer-arbeitsweisen

Anna Dück

# Wir arbeiten gemeinsam. Ein Konzept zur Anbahnung kooperativer Arbeitsweisen in einem ersten Schuljahr

GRIN Verlag

Studienseminar für Lehrämter an Schulen Mönchengladbach

Seminar GHRGe – Grundschule

# Wir arbeiten gemeinsam –
# Konzept zur Anbahnung von kooperativen Arbeitsweisen
# in einem ersten Schuljahr

Schriftliche Hausarbeit im Rahmen der Zweiten Staatsprüfung

für das Lehramt an Grund-, Haupt- und Realschulen und den entsprechenden
Jahrgangsstufen der Gesamtschulen, Schwerpunkt Grundschule

gemäß § 33 OVP

Vorgelegt am 24. Mai 2011

von Anna Dück

# Inhaltsverzeichnis

# 1. Einführung

## 1.1 Allgemeine Einleitung

Die Fähigkeit zur Kooperation und Zusammenarbeit mit anderen spielen in unserer Gesellschaft eine immer größere Rolle. Egal ob im Beruf oder in zwischenmenschlichen Beziehungen, überall kommt es auf die Kommunikations- und Kooperationsfähigkeit des Einzelnen an. Wer es gelernt hat, angemessen mit anderen zu kommunizieren und zu kooperieren, erspart sich so manche Probleme. Daher können Kompetenzen in diesen Bereichen gar nicht früh genug aufgebaut, gefördert und ausgebaut werden. Denn „früh übt sich" bekanntlich. Aus diesem Grund befasst sich die vorliegende Hausarbeit mit der Anbahnung kooperativer Arbeitsweise in einem ersten Schuljahr.

## 1.2 Begründung der Themenwahl

Ich habe als Thema meiner Hausarbeit zur Erlangung der Zweiten Staatsprüfung für das Lehramt die Anbahnung kooperativer Arbeitsweisen in einem ersten Schuljahr gewählt, da ich im Rahmen des bedarfsdeckenden Unterrichts den Deutschunterricht in einem ersten Schuljahr gebe und den Schülerinnen und Schülern dieser Klasse kooperative Arbeitsweisen weitgehend fremd und unbekannt waren. Die Kinder hatten in ihren ersten Monaten an der Schule ganz gelegentlich mit einem Partner gearbeitet, aber kooperative Arbeitsweisen waren ihnen fremd. Da aber gerade in unserer heutigen Gesellschaft die Kooperation mit anderen zu einer Schlüsselqualifikation geworden ist, war es mir ein Anliegen, mich gemeinsam mit den Erstklässlern „auf den Weg" zum kooperativen Arbeiten und Lernen zu machen, um sie bereits früh an die Zusammenarbeit mit anderen heranzuführen, daran zu gewöhnen und ihnen die Vorteile, die das gemeinsame Arbeiten und Lernen bietet, aufzuzeigen. Bereits für Kinder in der Schuleingangsstufe ist es sinnvoll und vorteilhaft, wenn sie in Kooperation mit anderen Lernen. Gründe für das Arbeiten und Lernen in kooperativen Arbeitsweisen lassen sich aus den beiden „Hauptzielen" des Kooperativen Lernens ableiten: Die höhere Qualität fachlicher Bildung und die Herausbildung sozialen Kompetenzen.[1] Ausgehend von diesen Zielen dürfte klar sein, warum die Anbahnung kooperativer Arbeitsformen bereits in einem ersten Schuljahr notwendig ist.

---

[1] Vgl. Bochmann/Kirchmann 2006, S. 17.

3

## 1.3 Formulierung der Fragestellung

Die Fragestellung, die hinter dieser Hausarbeit steht, ist Folgende: Wie kann die Anbahnung kooperativer Arbeitsweisen in einem ersten Schuljahr durchgeführt werden? Welche Schritte müssen von Lehrkräften gegangen werden, die kooperative Arbeitsweisen in einem ersten Schuljahr einführen wollen?

Auf diese Fragen will das vorliegende Konzept eine Antwort geben und im günstigsten Fall andere Lehrkräfte dabei unterstützen und ihnen eine Möglichkeit aufzeigen, wie kooperative Arbeitsweisen in einem ersten Schuljahr angebahnt werden können.

## 1.4 Eingrenzung des Themas

Wie bereits aus dem Titel der Arbeit ersichtlich wird, handelt es sich bei dem vorliegenden Konzept ausdrücklich um die *Anbahnung* kooperativer Arbeitsweisen. Das bedeutet, dass lediglich der „Beginn des Weges" der Arbeit in kooperativen Arbeitsformen dargestellt wird. Ebenso wichtig ist zu betonen, dass die Arbeit die Anbahnung in einem *ersten Schuljahr* vorsieht. Die Anbahnung kooperativer Arbeitsweisen muss in anderen Schuljahren selbstverständlich anders aussehen. Mit der vorliegenden Arbeit soll jedoch ein Beispiel dafür geliefert werden, wie die Anbahnung in einem ersten Schuljahr aussehen kann. Den möglichen Lesern der Arbeit, die ebenfalls kooperative Arbeitsformen in einer ersten Klasse einführen wollen, möchte die Arbeit einen möglichen Weg aufzeigen und Hilfen an die Hand geben. Anderen möglichen Lesern, die die Einführung in einer anderen Klassenstufe anstreben, kann die Arbeit ebenfalls „kleine" Hilfen an die Hand geben, welche Schritte bei der Einführung kooperativer Arbeitsweisen zu gehen sind. Eine Übertragung auf ihre jeweilige Lerngruppe und Klassenstufe bleibt aber unumgänglich.

## 1.5 Ziele

Im Folgenden werden die Ziele, die mit dieser Arbeit verfolgt werden, erläutert.

**1. Ziel: *Die Kinder lernen erste kooperative Arbeitsweisen[2] kennen und beginnen damit mit dem kooperativen Lernen.***

---

[2] Die kooperativen Arbeitsweisen, die die Kinder kennenlernen, werden unter Punkt 3.3.3 aufgeführt und begründet.

4

Diese Ziel ist das eigentliche „Hauptanliegen und -ziel" der Arbeit. Es geht darum, dass die Erstklässler kooperative Arbeitsweise kennenlernen. Das beinhaltet, dass die Schülerinnen und Schüler wissen, wie sie sich bei einer bestimmten kooperativen Arbeitsweise zu verhalten haben und worauf sie bei dieser Arbeitsform besonders achten müssen.

**2. Ziel:** *Die sozialen Kompetenzen der Kinder werden gefördert.*

Ein weiteres Ziel ist die Förderung der sozialen Kompetenzen[3] der Schülerinnen und Schüler. Das Arbeiten in kooperativen Arbeitsweisen setzt ein bestimmtes Mindestmaß an vorhandenen sozialen Kompetenzen voraus[4] und ein „Hauptanliegen" des Kooperativen Lernens ist die Herausbildung sozialer Kompetenzen.[5]

**3. Ziel:** *Die kommunikativen Kompetenzen der Kinder werden gefördert.*

Die Bedeutung der Fähigkeit, mit anderen Menschen „richtig" und gewinnbringend zu kommunizieren, kann nicht hoch genug bewertet werden. Kommunikation durchdringt sowohl den beruflichen als auch den privaten Bereich. Überall ist das Kommunizieren mit anderen Menschen existentiell wichtig und unerlässlich. Die Kommunikation und der Austausch mit anderen sind für den Menschen lebenswichtig. Daher kann gar nicht früh genug damit begonnen werden, die kommunikativen Fähigkeiten eines Menschen zu fördern. Weil Kommunikation eine sehr wichtige Basis des Kooperativen Lernens ist,[6] ist ein Ziel der Arbeit die Förderung der kommunikativen Kompetenzen der Schülerinnen und Schüler.[7]

**4. Ziel:** *Zwischen den Kindern der Klasse herrscht ein respektvoller Umgang[8] miteinander.*

Um miteinander arbeiten und lernen zu können, ist es wichtig, dass man sich angenommen und wertgeschätzt fühlt. Meine Arbeitspartner müssen mich als Mensch mit meinen Stärken und Schwächen annehmen, denn nur dann kann eine vertrauensvolle Zusammenarbeit stattfinden. Daher ist ein Teilziel der Arbeit, den Kindern zu vermitteln, dass jedes Kind der Klasse wertvoll und einzigartig ist und daher einem jeden Kind Respekt entgegengebracht werden muss.

**5. Ziel:** Die *Kinder erweitern ihre Fähigkeit, ihre eigene Leistung einzuschätzen[9]. (Selbstreflexionskompetenz)*

---

[3] Natürlich werden durch die Arbeit vielfältige soziale Kompetenzen der Kinder gefördert. Die sozialen Kompetenzen, die als Sozialziele explizit gefördert und benannt werden, finden sich unter Punkt 3.3.4.
[4] Vgl. Green/Green 2010, S. 87.
[5] Vgl. Bochmann/Kirchmann 2006, S. 17.
[6] Vgl. ebd., S. 13.
[7] Die Förderung der kommunikativen Kompetenzen ist lediglich ein „Teilziel" der Arbeit. Sicherlich kann die Förderung kommunikativer Kompetenzen noch umfassender durchgeführt werden, dies würde aber den Rahmen dieser Arbeit sprengen.
[8] Vgl. Bochmann/Kirchmann 2006, S. 16.

Die Bewertung der eigenen Leistungen trägt dazu bei, dass man sich Gedanken macht über die erbrachte Leistung und weitergehend Überlegungen dazu anstellt, wie die eigene Leistung noch verbessert werden kann. Die eigene Leistung wird kritisch reflektiert: Was ist bereits gut gelungen? Was ist vielleicht noch nicht so gut gelungen? Was kann ich das nächste Mal besser machen?[10]

1.6 Kriterien und Indikatoren

In Tabelle 1 werden Kriterien und Indikatoren aufgeführt, die der Erreichung der Ziele dienen.

Tabelle 1:

| Ziele | Kriterien[11] | Indikatoren[12] |
|---|---|---|
| **Kennenlernen kooperativer Arbeitsweisen** | • Einführung verschiedener kooperativer Arbeitsweisen in der Klasse 1b[13] | • Alle Kinder der Klasse 1b kennen mehrere kooperative Arbeitsweisen <br> • Alle Kinder wissen, wie in diesen kooperativen Arbeitsformen miteinander gearbeitet wird |
| **Förderung der sozialen Kompetenzen** | • Einführung von Sozialzielen für jede Unterrichtsstunde innerhalb der Reihe <br> • Arbeit in kooperativen Arbeitsformen | • Alle Kinder können mit einem Partner zusammenarbeiten <br> • Die Kinder bemühen sich darum, die für die jeweilige Stunde festgelegten Sozialziele zu beachten |
| **Förderung der kommunikativen Kompetenzen** | • Erhöhung des Redeanteils der einzelnen SuS[14] durch die Einführung kooperativer Arbeitsweisen <br> • Einführung von Gesprächsregeln[15] wie Anschauen, Zuhören und Aussprechen lassen | • Das einzelne Kind hat in Unterrichtsstunden, die kooperativ angelegt sind, einen höheren Redeanteil als in Unterrichtsstunden, die nicht kooperativ angelegt sind <br> • Kinder sind bemüht, sich auch während der Arbeit in kooperativen Arbeitformen an die Gesprächsregeln |

---

[9] Vgl. Bochmann/Kirchmann 2006, S. 16.
[10] Vgl. Bovet/ Huwendiek 2008, S. 165.
[11] Kriterien beschreiben Maßnahmen und Tätigkeiten, die der Erreichung des Ziels dienen soll. Vgl. http://blikk.it/angebote/schulegestalten/se_suedtirol/se_koor_0902.htm.
[12] Die Indikatoren legen beobachtbare Merkmale der Zielerreichung fest. Anhand der Indikatoren lässt sich feststellen, ob und inwieweit das Ziel erreicht wurde. Vgl. http://blikk.it/angebote/schulegestalten/se_suedtirol/se_koor_0902.htm.
[13] Wie diese Einführung ganz konkret aussieht, kann unter Punkt 3.3.5 nachgelesen werden.
[14] Aus Gründen der besseren Lesbarkeit wird in der Tabelle die Abkürzung „SuS" verwendet. Dies steht für „Schülerinnen und Schüler".
[15] Unter den Sozialzielen sind auch Gesprächsregeln, die Erstklässler zum Teil auch noch erlernen müssen.

| | | zu halten |
|---|---|---|
| **Respektvoller Umgang miteinander** | • Einführung von Sozialzielen für die einzelnen Unterrichtsstunden | • Die meisten Kinder der Klasse sind bereit, mit jedem ihrer Mitschüler zusammenzuarbeiten<br><br>• Kinder zeigen ihrem Gegenüber ihren Respekt durch die Einhaltung der Gesprächsregeln wie das Anschauen beim Sprechen, das Aussprechen lassen und so weiter |
| **Förderung der Selbstreflexionsfähigkeit** | • Einführung der Methode 3-Finger-Einschätzung<br><br>• Vorab wird gemeinsam mit den Kindern erarbeitet, wie die Zusammenarbeit bei den verschiedenen kooperativen Arbeitsweisen aussehen soll | • Kinder kennen die Methode 3-Finger-Einschätzung<br><br>• Kinder bemühen sich, ihre eigene Leistung realistisch einzuschätzen<br><br>• Kindern gelingt die Selbstein-schätzung besser als vor der Unterrichtseinheit |

## 1.7 Bezug zu den Richtlinien und Lehrplänen

Dem Arbeiten und Lernen in kooperativen Arbeitsweisen wird auch in den Richtlinien und Lehrplänen eine wichtige Bedeutung zugesprochen. So findet sich im Lehrplan Deutsch folgende Aussage: „Damit Kinder sich sprachlich weiterentwickeln können, muss ein angeregtes und akzeptiertes soziales Miteinander in gegenseitiger Wertschätzung hergestellt werden, in dem kooperative Lernformen ihren festen Platz haben."[16] Kooperative Arbeitsweisen sollen im Unterricht der Grundschule demnach ihren festen Platz haben. Das heißt, dass kooperatives Arbeiten in der Grundschule stattfinden soll.

Auch in den Richtlinien finden sich Aussagen, die auf die Etablierung und den Einsatz von kooperativen Arbeitsformen im Unterricht der Grundschule verweisen. Eine dieser Aussagen sei exemplarisch zitiert: „Der Unterricht fördert die Fähigkeit und die Bereitschaft, das eigene Lernen bewusst und zielgerichtet zu gestalten und mit anderen zusammenzuarbeiten."[17] Die Zusammenarbeit und Kooperation mit anderen, das gemeinsame Lernen und Arbeiten soll laut Richtlinien und Lehrplänen den Kindern also bereits in der Grundschule ermöglicht werden.

---

[16] Ministerium für Schule und Weiterbildung des Landes Nordrhein-Westfalen (Hrsg.): Richtlinien und Lehrpläne für die Grundschule in Nordrhein-Westfalen. Frechen 2008, S. 23.
[17] Ebd., S. 14.

1.8 Aufbau der Hausarbeit

Die vorliegende Arbeit lässt sich in vier große „Teile" gliedern, wobei die einzelnen Teile der Arbeit auch Teile des Konzepts darstellen. Der erste Teil ist die Einführung, der zweite Teil ist der theoretische Bezugsrahmen, der dritte Teil der Arbeit befasst sich mit der Durchführung und den Abschluss bildet die Reflexion.[18]

## 2. Theoretischer Bezugsrahmen

### 2.1 Begriffsklärung

Im Folgenden erfolgt die Erläuterung wichtiger Begriffe, die im Titel der Arbeit aufgeworfen werden. Zum einen findet sich dort der Begriff „kooperative Arbeitsweisen". Synonyme für diesen Begriff sind kooperative Arbeits- oder Lernformen.[19] Dahinter steht das Konzept des „Kooperativen Lernens". Doch was genau verbirgt sich dahinter? Wie im Titel der Arbeit bereits zu lesen ist, geht es beim Kooperativen Lernen um gemeinsame, kooperative Prozesse im Unterricht.[20] Das Kooperative Lernen zeichnet sich durch unterschiedlichste Methoden der Partner- und Gruppenarbeit aus, wobei den sozialen Prozessen beim Lernen eine ganz besondere Bedeutung zugesprochen wird.[21] Es handelt sich demnach nicht einfach um „normale, herkömmliche Partner- oder Gruppenarbeit", denn nicht jede Partner- oder Gruppenarbeit ist Kooperatives Lernen[22], sondern die drei Schlüsselbegriffe des Kooperativen Lernens sind Kommunikation, Kooperation und Sozialverhalten.[23] Die Lernenden treten beim Kooperativen Lernen in Kontakt miteinander, lernen gemeinsam, miteinander, voneinander und sind gemeinsam für das Ergebnis verantwortlich. Die Lernenden werden im kooperativ angelegten Unterricht „aktiver" als im „herkömmlichen" Unterricht.[24] Entscheidend ist beim Kooperativen Lernen, dass die „fünf Basiselemente" beachtet werden. Was sich dahinter verbirgt, wird unten Punkt 2.5 erläutert.

Ein weiterer Begriff, der im Titel auftaucht, ist der Begriff „Konzept". Mit diesem Begriff ist in dem vorliegenden Fall gemeint, dass die Hausarbeit das Ziel hat, einen in sich schlüssigen und begründeten Handlungsentwurf oder Ansatz darzustellen, der zur Bewältigung einer Aufgabe

---

[18] Zur weiteren Orientierung innerhalb der Hausarbeit sei auf das Inhaltsverzeichnis verwiesen.
[19] Vgl. Meyer 2009, S. 82.
[20] Vgl. Weidner 2009, S. 28.
[21] Vgl. ebd., S. 29.
[22] Vgl. ebd., S. 30.
[23] Vgl. Bochmann/Kirchmann 2006, S. 13.
[24] Vgl. Brüning/Saum 2009, S. 9.

beiträgt.[25] In diesem Fall ist die Aufgabe die Anbahnung kooperativer Arbeitsweisen in einem ersten Schuljahr. Dabei besteht das Konzept in dieser Arbeit aus mehreren Teilen: 1. Einführung, 2. Theoretischer Bezugsrahmen, 3. Durchführung und 4. Reflexion. Auch die Anwendung ist Gegenstand der Hausarbeit.[26] Wichtig ist, dass das entwickelte Konzept in der Schule anwendbar, über den Einzelfall hinaus übertragbar ist und auch überprüft wird.[27]

Ein weiterer Begriff aus dem Titel der Arbeit ist der Begriff „Anbahnung". Damit soll hervorgehoben werden, dass es sich um den Beginn der Arbeit in kooperativen Arbeitsformen handelt. Die Kinder beginnen kooperativ zu arbeiten, aber jeder, der sich selbst bereits mit seiner Klasse auf den Weg des Kooperativen Lernens gemacht hat, wird zustimmen, dass es sich um einen ersten Schritt auf dem Weg zum kooperativen Arbeiten handelt. Doch bekanntlich beginn jeder Weg mit dem ersten Schritt.

Der Begriff „soziale Kompetenzen" taucht zwar nicht im Titel auf, hat für diese Arbeit aber eine wichtige Bedeutung. Trotzdem entschied sich die Verfasserin dagegen, diesen Begriff hier zu erläutern, da davon auszugehen ist, dass den möglichen Lesern dieser Begriff bekannt ist. Denjenigen, denen der Begriff nicht ganz klar ist, dürften die weiteren Ausführungen in dieser Arbeit in Bezug auf soziale Kompetenzen dabei helfen, sich dem Begriff zu nähern.


2.2 Gründe für das Kooperative Lernen

Green und Green sehen in dem Kooperativen Lernen eine Antwort auf die Bedürfnisse unserer Gesellschaft. Einer Gesellschaft, in der die Fähigkeit zur Kooperation mit anderen, sei es im Berufsleben oder in der Familie, eine immer wichtigere Bedeutung bekommt.[28] Wer mit anderen zusammenarbeiten und erfolgreich kommunizieren kann, hat es in allen Bereichen leichter und kann erfolgreicher sein. Durch das Kooperative Lernen kann mit dem Ausbau der sozialen Kompetenzen bereits in der Grundschule begonnen werden. Somit kann eines der beiden „Hauptziele" des Konzepts des Kooperativen Lernens, die Förderung der sozialen Kompetenzen[29], auch als Grund für das Kooperative Lernen angeführt werden.

Die konstruktivistische Auffassung des Lernens rückt den aktiven, selbstständig Lernenden in den Mittelpunkt. Die Förderung der Selbstständigkeit der Lernenden wird in den Richtlinien für

---

[25] Vgl. Landesprüfungsamt für Zweite Staatsprüfungen für Lehrämter an Schulen: Hinweise zur Hausarbeit. Stand: November 2006, S. 8.
[26] Vgl. Landesprüfungsamt für Zweite Staatsprüfungen für Lehrämter an Schulen: Hinweise zur Hausarbeit. Stand: November 2006., S. 8.
[27] Vgl. ebd., S. 8.
[28] Vgl. Green/Green 2010, S. 32.
[29] Vgl. Bochmann/Kirchmann 2006, S. 17.

die Grundschule betont.[30] Das Kooperative Lernen führt dazu, dass die Phasen, in denen die Schülerinnen und Schüler selbstständig lernen, länger werden.[31] Dabei lernen die Kinder nicht nur „alleine", sondern in Zusammenarbeit mit anderen, um ihre Fähigkeiten zur Kooperation auszubauen. Das Gemeinsame Lernen mit anderen wird immer notwendiger, da unsere Welt immer anspruchsvoller und komplizierter wird.[32] Mit der Förderung sozialer Kompetenzen kann nicht früh genug begonnen werden. Warum nicht auch im kooperativ angelegten Unterricht der Grundschule?

Als ein weiterer Grund für das Kooperative Lernen kann ebenfalls eines der „Hauptziele" des Kooperativen Lernens herangezogen werden: Die höhere Qualität fachlicher Bildung.[33] Forschungsergebnisse bestätigen, dass sich durch das Kooperative Lernen Denkfähigkeiten auf höherem Niveau entwickeln. Die Kinder entwickeln wertvolle Problemlösungs-kompetenzen, indem sie ihre eigenen Ideen formulieren und erläutern, Rückmeldungen dazu erhalten und auf die Kommentare und Fragen eines Partners oder von Gruppenmitgliedern eingehen müssen.[34] Auf diese Weise trägt das Kooperative Lernen zum Erwerb und Ausbau von übergreifenden Kompetenzen bei. Übergreifende Kompetenzen werden in konkreten Lernsituationen entwickelt, wenn Schülerinnen und Schüler eigene Lösungen für bestimmte Problemstellungen finden, eigene Lösungswege anderen beschreiben und ihre Ergebnisse präsentieren.[35] Die Notwendigkeit, das Konzept des Kooperativen Lernen bereits im Unterricht der Grundschule einzusetzen, sollte mit dem Aufführen dieser bedeutenden Gründe belegt und plausibel sein.

## 2.3 Ziele des Kooperativen Lernens

Im Folgenden werden die Ziele des Kooperativen Lernens dargestellt. Das Kooperative Lernen hat zwei „Hauptziele". Das eine ist die höhere Qualität fachlicher Bildung, das andere ist die Herausbildung sozialer Kompetenzen.[36] Diesen beiden Hauptzielen folgen eine ganze Reihe anderer Ziele, diese sind: Förderung der Kommunikationsfähigkeit, Entwicklung und Unterstützung einer positiven Lerneinstellung, Förderung der Selbsteinschätzung, Entwicklung des Selbstwertgefühls, Bereitschaft zur Teamarbeit, Toleranz, respektvoller Umgang, Gefühl der

---

[30] Ministerium für Schule und Weiterbildung des Landes Nordrhein-Westfalen (Hrsg.): Richtlinien und Lehrpläne für die Grundschule in Nordrhein-Westfalen. Frechen 2008, S. 11.
[31] Vgl. Brüning/Saum 2009, S. 9.
[32] Vgl. Green/Green 2010, S. 32.
[33] Vgl. Bochmann/Kirchmann 2006, S. 17.
[34] Vgl. Green/Green 2010, S. 33.
[35] Vgl. Ministerium für Schule und Weiterbildung des Landes Nordrhein-Westfalen (Hrsg.):
Kompetenzorientierung – Eine veränderte Sichtweise auf das Lehren und Lernen in der Grundschule 2008, S. 10.
[36] Vgl. ebd., S. 17.

Zugehörigkeit, Anwendung von Problemlösungsstrategien und Beherrschen von Lernstrategien.[37] Diese Ziele sind auf ganz unterschiedlichen Ebenen angesiedelt: Es handelt es sich um fachliche, soziale, personale und methodische Ziele. Bei Betrachtung der Ziele, die mit dem Kooperativen Lernen angestrebt werden, wird die Bedeutung des Kooperativen Lernens deutlich. Denn wenn das Kooperative Lernen tatsächlich auf diesen vielen unterschiedlichen Ebenen zu Erfolgen führt, was könnte naheliegender sein, als das Kooperative Lernen „auszuprobieren" und sich selbst ein Bild von seinem Erfolg zu machen?

Norman Green führt in seinem Buch „Kooperatives Lernen im Klassenraum und Kollegium" auf, dass das Kooperative Lernen bereits seit drei Jahrzehnten erforscht wird. Die unterschiedlichen Forschungsarbeiten bestätigen, dass das Kooperative Lernen tatsächlich „einhält, was es verspricht".[38] Die Forschungsergebnisse zeigen, dass die Wirkung des Kooperativen Lernens erstaunlich ist. Man bedenke, dass das kooperative Lernen bereits mit „relativ" einfachen Mitteln in den eigenen Unterricht eingebaut und integriert werden kann und damit auf so vielen unterschiedlichen Ebenen Lernerfolge erzielt werden können. Vier Forschungsergebnisse sollen an dieser Stelle aufgeführt werden: Das Kooperative Lernen führt zu einem zunehmenden Leistungsniveau, trägt zu einem wachsenden Selbstwertgefühl bei, erhöht die Akzeptanz und Toleranz von Unterschieden und fördert die Zunahme einer positiven Einstellung zum Lernen.[39]

### 2.4 Fünf Basiselemente des Kooperativen Lernens

Das Kooperative Lernen zeichnet sich dadurch aus, dass es auf fünf „Basiselementen" aufbaut. Wünschenswert ist, dass in einer kooperativ angelegten Unterrichtsstunde möglichst viele dieser Basiselemente verwirklicht werden. Diese fünf Basiselemente sind die Folgenden: Positive Abhängigkeit, individuelle Verantwortlichkeit, soziale Kompetenzen, partnerbezogene Kommunikation und Prozessevaluation.[40] Doch was verbirgt sich hinter diesen Begriffen?

Zunächst zur positiven Abhängigkeit: Alle Mitglieder einer Gruppe oder beide Partner müssen sich miteinander verbunden fühlen und ein gemeinsames Ziel verfolgen. Zudem muss allen klar sein, dass jeder Einzelne das Ziel erreichen muss.[41] Die positive Abhängigkeit lässt sich in neun

---

[37] Vgl. Bochmann/Kirchmann 2006, S. 16.
[38] Vgl. Green/Green 2010, S. 33-37.
[39] Vgl. Bochmann/Kirchmann 2006, S. 17.
[40] Vgl. ebd., S. 30.
[41] Vgl. ebd., S. 30.

verschiedene „Abhängigkeitstypen" unterteilen. Diese werden im Folgenden möglichst kurz und prägnant erläutert.

1. Zielabhängigkeit: Alle verfolgen ein gemeinsames Ziel und dieses Ziel gilt erst dann als erreicht, wenn jedes Mitglied der Gruppe oder des Paares das Ziel erreicht hat.[42]

2. Belohnungsabhängigkeit: Alle Mitglieder erhalten die gleiche Belohnung, wenn alle das Ziel erreichen.[43]

3. Abhängigkeit von äußeren Einflüssen: Die verschiedenen Paare oder Gruppen befinden sich in einem Wettstreit untereinander oder mit den früheren Leistungen von anderen.[44]

4. Reihenfolgeabhängigkeit: Die Gesamtaufgabe wird in einzelnen Arbeitsschritten gelöst und nur die Einhaltung einer bestimmten Reihenfolge an Arbeitsschritten führt zum gewünschten Ziel.[45]

5. Abhängigkeit von der Umgebung: Die Paare oder Gruppen sind „räumlich" miteinander verbunden, dass heißt, sie sitzen nebeneinander.[46]

6. Rollenabhängigkeit: Die Gruppenmitglieder bekommen für die Dauer der Gruppenarbeit unterschiedliche Rolle zugewiesen. Dies können Rollen sein, die den Arbeitsprozess unterstützen wie Leser, Schreiber oder Materialmanager oder auch Rollen, die den Kooperationsprozess innerhalb der Gruppe fördern sollen wie Ermutiger oder Lobender.[47]

7. Identitätsabhängigkeit: Diese Abhängigkeit kann dadurch realisiert werden, dass sich das Paar oder die Gruppe für einen gemeinsamen Namen, einen Schlachtruf oder ähnliches entscheidet.[48]

8. Materialabhängigkeit: Die Abhängigkeit der Gruppenmitglieder zeigt sich dadurch, dass nur ein Satz an Material pro Gruppe oder Paar zur Verfügung gestellt wird. Die Gruppenmitglieder „können" also beinah nicht anders, als zusammenzuarbeiten.[49]

9. Simulationsabhängigkeit: Das Paar oder die Gruppe bearbeitet hypothetische Situationen, um in diesen fiktiven Situationen ihre Verbundenheit und ihr Zusammengehörigkeitsgefühl zu

---

[42] Vgl. ebd., S. 31.
[43] Vgl. Green/Green 2010, S. 77.
[44] Vgl. Green/Green 2010, S. 77.
[45] Vgl. Bochmann/Kirchmann 2006, S. 31.
[46] Vgl. Green/Green 2010, S. 77.
[47] Vgl. Bochmann/Kirchmann 2006, S. 31.
[48] Vgl. Green/Green 2010, S. 77.
[49] Vgl. ebd., S. 77.

demonstrieren.[50] Diese aufgeführten neun Bereiche dienen dazu, die eine Basis des Kooperativen Lernens, die positive Abhängigkeit, zu erzeugen.[51]

Nun zu einer weiteren Basis, die wesentlich kürzer dargestellt werden kann: Die individuelle Verantwortlichkeit zeichnet sich dadurch aus, dass sich jedes Teammitglied für das Erreichen des gemeinsamen Zieles verantwortlich fühlt und mit all seinen Kompetenzen zur Erreichung diese Zieles beiträgt.[52] Die individuelle Verantwortlichkeit soll also dem „Ausklinken" oder Zurückziehen von Gruppenmitgliedern entgegenwirken.

Eine weitere Basis des Kooperativen Lernens ist die partnerbezogene Kommunikation. Die Kommunikation mit anderen wird dadurch gefördert und möglich gemacht, dass die Gruppe oder das Paar so sitzt, dass man sich anschauen kann und gemeinsam Zugriff auf die Arbeitmaterialien hat.[53] Wenn die „Rahmenbedingungen" ungünstig sind, dann kann die Kommunikation zwischen zwei oder mehr Kommunikationspartnern auch nicht so gut gelingen. Außerdem kann der kommunikationsfreundliche Arbeitsplatz einen wichtigen Beitrag dazu leisten, dass die Lautstärke während der Partner- und Gruppenarbeit nicht überhand nimmt.[54]

Auch die Förderung der sozialen Kompetenzen ist eine Basis des Kooperativen Lernens und zugleich eines der beiden Hauptziele.[55] In einer kooperativ angelegten Unterrichtsstunde sollte die Förderung der sozialen Kompetenzen der Schülerinnen und Schüler immer eine wichtige Rolle spielen. Das Einhalten von bestimmten sozialen Verhaltensweisen wie das Anschauen oder das Zuhören erleichtert die Kommunikation und trägt zu einem gelingenden Kommunikations-prozess bei.[56]

Das fünfte Basiselement des Kooperativen Lernens ist die Prozessevaluation. Das heißt, dass die Schülerinnen und Schüler ihren eigenen Lernprozess in den Blick nehmen und diesen bewerten. In Bezug auf das Kooperative Lernen nehmen die Kinder also ihre Partner- oder Gruppenarbeit in den Blick und reflektieren, was bereits gut geklappt hat und was noch verbessert werden kann. Durch diese Reflexion soll sich die Partner- und Gruppenarbeit verbessern.[57] Der kritische Blick trägt dazu bei, die eigenen Fähigkeiten zur Zusammenarbeit auszubauen. Außerdem lernen die

---

[50] Vgl. Weidner 2009, S. 55.
[51] Vgl. ebd., S. 55.
[52] Vgl. Bochmann/Kirchmann 2006, S. 35.
[53] Vgl. Bochmann/Kirchmann 2006, S. 35.
[54] Vgl. ebd., S. 35.
[55] Siehe Punkt 2.2.
[56] Vgl. Bochmann/Kirchmann 2006, S. 35.
[57] Vgl. Brüning/Saum 2009, S. 133.

Schülerinnen und Schüler, die von ihnen eingesetzten Methoden und Lernstrategien einzuschätzen.[58]

Für die Planung kooperativer Unterrichtsstunden ist die Kenntnis dieser fünf Basiselemente sehr wichtig. Nur wenn man um diese Basiselemente weiß und darum bemüht ist, möglichst viele dieser Elemente in die eigene Unterrichtsstunde zu integrieren, gelingt das Kooperative Lernen.[59]

### 2.5 Rolle der Lehrkräfte im kooperativen Unterricht

Lange Zeit wurden Schülerinnen und Schüler von Lehrerinnen und Lehrer als „tabula rasa" betrachtet, dass heißt, es wurde angenommen, die Kinder kämen als „unbeschrieben Blätter" in die Schule und die Lehrkräfte hätten dann die ehrenvolle Aufgabe, diese weißen Blätter zu beschreiben.[60] Eine andere Vorstellung war die, dass Lehrkräfte dafür zu sorgen haben, dass das Wissen quasi wie durch einen Trichter in den Kopf der Kinder gelangt. Diese veralteten Vorstellungen vom Lernen wurden im Verlauf der letzten Jahre überdacht und revidiert, da viele Forschungsergebnisse gezeigt haben, dass diese Vorstellungen vom Lernen so nicht mehr haltbar sind. Es kam zur Bildung der konstruktivistischen Vorstellung vom Lernen. Demnach konstruieren Schülerinnen und Schüler unter zur Hilfenahme ihres Vorwissens das Wissen neu, denn der Wissensaufbau ist ein individueller und eigenaktiver Prozess. Schülerinnen und Schüler müssen selbst aktiv werden, um neues Wissen zu konstruieren. Diese Aufgabe können ihnen weder die Lehrkräfte noch sonst irgendjemand abnehmen. Mit dieser Vorstellung vom Lernen hat sich auch die Rolle der Lehrkräfte verändert. Die Lehrerinnen und Lehrer sind nun mehr Moderatoren, Organisatoren[61], Lernbegleiter[62] und Unterstützer und haben Lernsituationen zu schaffen, in denen die Kinder aktiv und selbstständig lernen, indem sie das Wissen selbst neu konstruieren.

Im Rahmen des Kooperativen Lernens haben Lehrerinnen und Lehrer die Aufgabe, Lernprozesse zu ermöglichen, in denen die Kinder ihr eigenes Wissen und Können aktiv erweben, während sie kooperativ mit anderen zusammenarbeiten.[63] Wie sehen nun die Aufgaben der Lehrkräfte im kooperativen Unterricht aus? Der Lehrkräfte haben drei grundlegende Aufgaben zu erfüllen:

---

[58] Vgl. Bochmann/Kirchmann 2006, S. 35.
[59] Vgl. Green/Green 2010, S. 76.
[60] Vgl. ebd., S. 98.
[61] Vgl. Green/Green 2010, S. 99.
[62] Vgl. Ministerium für Schule und Weiterbildung des Landes Nordrhein-Westfalen (Hrsg.): Kompetenzorientierung – Eine veränderte Sichtweise auf das Lehren und Lernen in der Grundschule 2008, S. 14.
[63] Vgl. Green/Green 2010, S. 98.

1. Die Lehrkräfte haben *unterrichtliche Aktivitäten* zu planen. Sie wählen die kooperative Methoden aus, stellen das benötigte Unterrichtsmaterial zur Verfügung und nehmen in den Partner- oder Gruppenarbeitsphasen die Rolle der Beobachter ein, um Rückmeldungen über das Gelingen des Lernprozesse zu erhalten.[64] Lehrkräfte beobachten und analysieren auch, um den Paaren und Gruppen Rückmeldungen in Bezug auf die Qualität ihrer Zusammenarbeit und ihr Arbeitsergebnisse geben zu können.[65] Bei Bedarf darf die Lehrkraft den Kindern natürlich auch Unterstützung zukommen lassen,[66] aber sie hat darauf zu achten, dass sie nicht alles möglichst schnell selbst in die Hand nimm und jedes aufgetauchte Problem verbalisiert,[67] denn damit vergibt sie Lernchancen. Wenn die Kinder sich selbst um die Lösung eines aufgekommenen Problems bemühen, dann lernen sie dabei viel mehr, als wenn ihnen die Lehrkraft sofort die Lösung des Problems präsentiert.[68] Lehrkräfte müssen es auch lernen, Lernumwege oder - irrwege zuzulassen,[69] denn aus Fehlern kann viel gelernt werden.

Die Lehrkräfte legen auch die sozialen und fachlichen Ziele fest und vereinbaren sie mit den Lernenden.[70]

2. Eine weitere wichtige Aufgabe der Lehrkräfte ist die *Prozessgestaltung*. Die Lehrkräfte sind für die Organisation der kooperativen Lernprozesse verantwortlich. Dies tun sie, indem sie die Arbeitsabläufe strukturieren, so dass jeder die ihm zugewiesene Rolle im Arbeitprozess ein-nehmen kann. Im Blick haben die Lehrkräfte dabei sowohl den Ausbau der fachlichen als auch der sozialen Kompetenzen.[71]

3. Die Lehrkräfte müssen für eine *sichere Lernumgebung* sorgen, in der sich alle Kinder akzeptiert und angenommen fühlen, denn nur dann kann Kooperatives Lernen erfolgreich statt-finden. Hilfen annehmen und geben muss gelernt werden![72]

Die veränderte Lehrerrolle verlangt von den Lehrkräften meist mehr Kraft, Mühe und Vorbereitungszeit als die Durchführung von Frontalunterricht,[73] doch sollte dies kein Grund sein,

---

[64] Vgl. Bochmann/Kirchmann 2006, S. 29.
[65] Vgl. Weidner 2009, S. 32.
[66] Vgl. ebd., S. 132.
[67] Vgl. ebd., S. 128.
[68] Eine weitere interessante und etwas amüsante Aussage von Hilbert Meyer gibt Weidner wieder zu dem, was Lehrkräfte verlernen müssen: Die Lehrkräfte müssten verlernen, ihren Wissen- und Kompetenzvorsprung bei jeder sich bietenden Gelegenheit demonstrieren zu wollen. (Vgl. Weidner 2009, S. 129.) Wer kennt nicht die „Besserwisserei", an der viele Lehrkräfte leiden?
[69] Vgl. Weidner 2009, S. 128.
[70] Vgl. Weidner 2009, S. 133.
[71] Vgl. Bochmann/Kirchmann 2006, S. 29.
[72] Vgl. ebd., S. 29.
[73] Vgl. Weidner 2009, S. 128.

15

Unterricht nicht kooperativ zu gestalten, da die Vorteile des kooperativen Unterrichts „klar auf der Hand liegen".

## 3. Durchführung

### 3.1 Analyse der Ausgangslage

#### 3.1.1 Bemerkungen zur Lerngruppe

Im Rahmen dieser Arbeit geschieht die Einführung erster kooperativer Arbeitsweisen in der Klasse 1b einer katholischen Schule. Die Schülerinnen und Schüler werden an der Schule in jahrgangshomogenen Klassen unterrichten. Die Schule ist zweizügig, hat aber zum jetzigen Zeitpunkt nur ein drittes Schuljahr. Es handelt sich also um eine „überschaubare, kleinere" Schule.

Die Klasse 1b wird von neun Mädchen und dreizehn Jungen besucht, wobei sich drei Schülerinnen und Schüler im zweiten Schulbesuchsjahr befinden. Es handelt sich um eine motivierte Lerngruppe.

Unter Punkt 1.2 wurden die Gründe für die Themenwahl der Hausarbeit bereits dargelegt. Den Kindern der Klasse 1b waren kooperative Arbeitsweisen vor der Anbahnung im Rahmen dieser Arbeit nicht bekannt. Auch die „herkömmliche" Partnerarbeit fand in der Klasse eher selten statt. Gruppenarbeit fand dementsprechend noch seltener statt, zumal es sich um ein 1. Schuljahr handelt. Wobei nicht jede Partner- und Gruppenarbeit Kooperatives Lernen ist.[74] Um dem Umstand abzuhelfen, dass die Kinder der Klasse keine kooperativen Arbeitsweisen kennen und weil die Vorteile des Konzepts des Kooperativen Lernens eindeutig sind, entschloss die Verfasserin dieser Arbeit sich dazu, im Rahmen der Hausarbeit kooperative Lernformen in dieser Klasse anzubahnen.

#### 3.1.2 Beobachtungen zur Lerngruppe

Wie bereits oben deutlich wurde, kannten die Schülerinnen und Schüler der Klasse 1b keine kooperativen Arbeitsformen und auch mit „ herkömmlicher" Partnerarbeit waren sie nicht allzu vertraut. Im Vorfeld der Anbahnung kooperativer Arbeitsweisen wurden von der Lehramtsanwärterin einige auffällige und zum Teil auch „belustigende" Beobachtungen gemacht: So machte die Verfasserin die Beobachtung, dass einzelne Kinder sich für das

---

[74] Vgl. Weidner 2009, S. 88.

Anklammern an der „Ich-Du-Wir-Leiste"[75] „verabredeten" und es auf diese Weise nicht dem Zufall überließen, mit welchem Partner sie arbeiteten. Oder die Kinder fanden ihren Partner ohne das Anklammern an der Leiste und arbeiteten auf diese Weise mit ihrem „Wunschpartner". Ein Grund hierfür ist sicherlich, dass man sich bei der Zusammenarbeit mit einem Partner auf den Partner einstellen muss und dies zum Teil mühsam ist. Die Arbeit mit jemandem, mit dem man bereits zusammengearbeitet hat und denn man kennt, zieht man in der Regel der Arbeit mit einem „Zufallspartner" vor.

Bemerkenswert ist, dass die Kinder der Klasse 1b vom ersten Tag an bereit waren, sich auf die Arbeit mit einem Partner einzulassen. So gab es kein Kind, dass die Arbeit mit einem Partner verweigerte: Alle waren bereit, sich auf das Kooperative Lernen einzulassen.

Eine weitere Beobachtung ist, dass einzelne Kinder von ihren Mitschülern gemieden wurden und man versuchte, der Zusammenarbeit mit diesen Schülerinnen und Schülern aus dem Weg zu gehen. Daher wurde auch als ein Ziel der Hausarbeit der respektvolle Umgang der Kinder untereinander bestimmt, zu dem der Respekt und die Wertschätzung aller Kinder der Klasse gehören und die zur Folge haben, dass man bereit ist, mit jedem Kind der Klasse zusammenzuarbeiten.

Die Fähigkeit der Kinder zur Zusammenarbeit mit anderen war unterschiedlich ausgeprägt. Einige Kinder waren sich darüber im Klaren, dass zur Zusammenarbeit unter anderem gehört, dass man sich untereinander abspricht, eventuell Aufgaben verteilt und Ähnliches. Andere Kinder zeigten geringere soziale Kompetenzen.

Auch Beobachtungen zu den Fähigkeiten der Schülerinnen und Schüler, ihre eigene Leistung einzuschätzen, sollen kurz beschrieben werden: Die Fähigkeit, die eigene Leistung kritisch zu reflektieren, war bei den Kindern der Klasse unterschiedlich ausgeprägt. Einige Kinder gingen gleich zu Beginn der Einführung der „3-Finger-Einschätzung"[76] „relativ" reflektiert an die Einschätzung heran und äußerten, dass ihre Leistung im Hinblick auf ein bestimmtes Sozialziel noch verbessert werden könnte. Andere zeigten eine geringere Reflexionsfähigkeit und „hoben immer drei Finger".

---

[75] Bei der „Ich-Du-Wir-Leiste" handelt es sich um eine selbst gebastelte Leiste, an die sich die Kinder zur Partnerfindung anklammern.
[76] Die Beschreibung dieser Methode findet sich unter Punkt 3.3.3.

### 3.1.3 Einstellung der Schülerinnen und Schüler zum Kooperativen Lernen

Im Vorfeld der Anbahnung kooperativer Arbeitsweisen wurde mit Hilfe eines selbst konzipierten Katalogs von Items[77] versucht, die Einstellung der Schülerinnen und Schüler zum Kooperativen Lernen zu Erheben. Für diese Erhebung wurden sechs Items formuliert. Den Schülerinnen und Schülern wurden diese Items nacheinander in einer Art „Einzelinterviews" vorgelesen. Sie sollten durch das Zeigen auf drei unterschiedliche Smilies ausdrücken, inwieweit diese Aussage auf sie selbst zutrifft.[78] Das Ergebnis dieser „kleinen" Erhebung ist Folgendes: Der Großteil der Schülerinnen und Schüler der Klasse gab an, dass sie sehr gerne mit einem Partner zusammenarbeiten. Daraus lässt sich folgern, dass die Kinder Partnerarbeit gegenüber insgesamt sehr positiv eingestellt sind.[79] Auch die Einstellung der Kinder Gruppenarbeit gegenüber ist überwiegend positiv, wenn auch „schwächer" ausgeprägt als die Einstellung zur Partnerarbeit.[80]

Bei der Aussage „Ich kann mit jedem Kind aus meiner Klasse arbeiten." zeigten ungefähr gleich viele Kinder auf den lachenden Smilie und den Smilie mit dem geraden Mund. Nur drei Kinder gaben an, dass sie nicht mit jedem Kind aus ihrer Klasse zusammenarbeiten würden. Folgern lässt sich hieraus, dass die Kinder der Zusammenarbeit mit allen Kindern der Klasse gegenüber nicht ganz positiv eingestellt sind, denn ansonsten hätte eine größere Anzahl auf den lachenden Smilie gezeigt. Dieses Ergebnis deckt sich mit den gemachten Beobachtungen unter Punkt 3.1.2.

Bei der Aussage „Ich lerne mit einem Partner besser als allein." zeige ungefähr die Hälfte der Kinder auf den lachenden Smilie, beinah ebenso viele auf den Smilie mit dem geraden Mund und einige wenige Kinder auf den „traurigen" Smilie. Hieraus lässt sich folgern, dass den Kindern die Vorteile, die aus der Zusammenarbeit mit einem Partner resultieren können, noch nicht klar waren. Sie konnten sich dieser Vorteile im Grunde auch noch nicht bewusst sein, denn sie hatten zu diesem Zeitpunkt nur sehr wenige Erfahrungen mit „herkömmlicher" Partnerarbeit und beinah keine Erfahrungen mit dem Kooperativen Lernen gemacht.

Beinah einig waren sich die Schülerinnen und Schüler in der Bewertung der Aussage „Lernen mit einem Partner macht mehr Spaß als alleine lernen". Der überwiegende Teil der Kinder zeigte bei dieser Aussage auf den lachenden Smilie, nur vier Kinder wählten den Smilie mit dem geraden Mund und ein einziges Kind entschied sich für den „traurigen" Smilie.

---

[77] Die Items zur Erhebung der Einstellung der Schülerinnen und Schüler findet sich im Anhang.
[78] Die Bedeutung der drei Smilies war Folgende: Der lachende Smilie bedeutete „Das ist auf jeden Fall so, dem stimme ich auf jeden Fall zu", der Smilie mit dem geraden Mund bedeutete „Das ist so, dem stimme ich zu" und der Smilie mit den herabhängenden Mundwinkeln bedeutete „Das ist auf keinen Fall so, dem stimme ich nicht zu".
[79] Dieses Ergebnis der Befragung deckt sich auch mit den gemachten Beobachtungen, dass sich alle Kinder der Klasse auf die Zusammenarbeit mit einem Partner einlassen und sich kein Kind verweigert.
[80] Da die Kinder in ihrer Schullaufbahn bisher nur sehr selten einmal in einer Gruppe gearbeitet haben, habe sie noch nicht allzu konkrete Vorstellungen von einer Gruppenarbeit.

Das Fazit der Erhebung der Einstellung der Kinder der Klasse 1b zur Partnerarbeit ist, dass die Kinder Partnerarbeit gegenüber überwiegend positiv eingestellt waren, sich aber der Vorteile, die Partnerarbeit mit sich bringen kann, nicht unbedingt bewusst waren.

### 3.2 Mögliche Risiken- und Chancenbetrachtung

Selbstverständlich birgt auch die Anbahnung kooperativer Arbeitsweisen mögliche Risiken und Chancen – so wie alles im Leben. In diesem Kapitel soll auf die möglichen Risiken und Chancen hingewiesen werden, die die Anbahnung kooperativer Arbeitsweisen in einem ersten Schuljahr mit sich bringt. Die Betrachtung der Risiken und Chancen soll anderen, die ebenfalls die Einführung kooperativer Arbeitsformen als Ziel haben, eine Hilfe sein, denn wenn man um mögliche Gefahren aber auch Chancen weiß, kann man ihnen besser begegnen und sich auf sie einstellen.

Zuerst zu den Risiken, die die Anbahnung kooperativer Lernformen in einem ersten Schuljahr mit sich bringen kann. Die nachfolgendend aufgelisteten möglichen Probleme wurden in einer Veranstaltung am Studienseminar Mönchengladbach im Frühjahr 2011 von Reinhard Bochmann aufgeworfen. Risiken sind die methodische Überforderung der Schülerinnen und Schüler in der Schuleingangsphase[81], der Zeitaufwand für die Einführung bestimmter kooperativer Methoden, die fehlenden kommunikativen und damit sozialen Fähigkeiten der Schülerinnen und Schüler und das Nicht-Mittragen durch andere Lehrkräfte.

An dieser Stelle kann lediglich auf mögliche Risiken hingewiesen werden. Wie die einzelne Lehrkraft diesen Risiken begegnet, muss jeder selbst in Bezug auf seine Lerngruppe und die Umstände einschätzen. Wie innerhalb der vorliegenden Arbeit mit den Risiken umgegangen wird, zeigt sich an unterschiedlichen Stellen innerhalb dieser Arbeit.

Ein weiteres Risiko kann aus innerschulischen Bedingungen resultieren. An dieser Stelle sei auf das Buch „Kooperatives Lernen im    Unterricht. Das Arbeitsbuch" von Margit Weidner verwiesen, in dem sie die förderlichen schulischen Bedingungen bei der Einführung des Kooperativen Lernens aufführt und erläutert.[82] Innerschulische Bedingungen können in ganz entscheidendem Maße dazu beitragen, dass die Einführung des Kooperativen Lernens erfolgreich ist. Wenn einigen Lehrkräfte an der eigenen Schule nach dem Konzept des Kooperative Lernen

---

[81] Begegnet wird diesem Risiko in der vorliegenden Arbeit dadurch, dass für die Einführung kooperativer Methoden ausgewählt wurden, die die Erstklässler nicht überfordern. So wurden hauptsächlich kooperative Methoden ausgewählt, die mit einem Partner durchführbar sind. (Siehe Punkt 3.3.3)
[82] Vgl. Weidner 2009, S. 97.

unterrichten, dann ist das „Abschauen", „Anschauen" und Einholen von Tipps und Anregungen gut möglich. An der Schule hat sich das Konzept des Kooperativen Lernens bisher noch nicht fest etabliert und damit war das Einholen von Tipps nur bis zu einem bestimmten Grad möglich. Überleiten kann dies zu den Chancen, die mit der Etablierung des Kooperativen Lernens einhergehen. An einer Schule, in der das Kooperative Lernen noch nicht fest etabliert ist, können von einer oder mehreren Lehrkräften, die sich um die Einführung bemühen, Impulse für die gesamte Schule ausgehen. Vielleicht wird das Kollegium „angesteckt", sich näher mit diesem Konzept zu beschäftigen, erkennt die Vorteile und macht sich gemeinsam mit den Kindern „auf den Weg zum Kooperativen Lernen".

### 3.3 „Auf dem Weg zum Kooperativen Lernen"

#### 3.3.1 Auseinandersetzung mit dem Konzept des Kooperativen Lernens

Ganz am Beginn der Anbahnung des Kooperativen Lernens steht die Auseinandersetzung mit dem Konzept des Kooperativen Lernens. Sicher unumgänglich ist es, sich Literatur zu besorgen und sich zuerst einmal einzulesen.[83] Ebenfalls sehr sinnvoll ist es, wenn die Möglichkeit hierfür gegeben ist, sich den kooperativ angelegten Unterricht eines Kollegen oder einer Kollegin an der eigenen Schule oder an einer Nachbarschule anzuschauen. Das Hospitieren öffnet mitunter viel besser die Augen als das stundenlange Lesen von Literatur. Auch das Gespräch und der Austausch mit anderen tragen erheblich dazu bei, sich dem Kooperativen Lernen anzunähern.[84] Wenn nach dieser Auseinandersetzung der Eindruck entsteht, man habe das Konzept des Kooperativen Lernens „verstanden", dann kann man „den nächsten Schritt gehen".

#### 3.3.2 Themenauswahl und -begründung

Bei diesem „nächsten Schritt" handelt es sich um die Themenauswahl. Prinzipiell lässt sich sagen, dass das Kooperative Lernen in allen Lernbereichen und bei allen Themen des Deutschunterrichts einsetzbar ist.[85] Damit hat sich die „krampfhafte" Suche nach einem geeigneten Thema für die Anbahnung des Kooperativen Lernens bereits erledigt. Jede Unterrichtsstunde und jede Unterrichtsreihe kann kooperativ gestaltet werden. Es ist also einerlei, welche Bereiche des Deutschunterrichts für die Konzeption einer kooperativ angelegten

---

[83] Interessierte finden im Literaturverzeichnis nähere Hinweise.
[84] Verweise auf die Lehrerfunktion „Evaluieren, Kooperieren, Innovieren"
[85] Vgl. Bochmann/Kirchmann 2008, S. 15.

Unterrichtsreihe ausgewählt werden.[86] Im Rahmen dieser Arbeit entschied sich die Verfasserin aufgrund der Jahreszeit für das Thema „Frühling und Ostern".

### 3.3.3 Methodenauswahl und -begründung

Als nächster Schritt ist die Auswahl der kooperativen Methoden durchzuführen, die eingeführt werden sollen. Um die Schülerinnen und Schüler der 1. Klasse nicht zu überfordern, ist es sinnvoll, zunächst verschiedene Methoden der Partnerarbeit auszuwählen und einzuführen.[87] Die Kinder müssen zunächst geübter im Umgang mit einem Partner sein, bevor sie erfolgreich in einer Gruppe arbeiten können. Gerade für jüngere Kinder ist es wichtig, sich zunächst auf einen Partner einzulassen.[88] Daher wurden im Rahmen dieser Arbeit hauptsächlich kooperative Methoden der Partnerarbeit ausgewählt und eingeführt. Tabelle 2 zeigt, welche kooperativen Methoden im Rahmen dieser Arbeit eingeführt wurden. In der Tabelle finden sich auch die Beschreibungen der einzelnen Methoden.[89]

Tabelle 2:

| Kooperative Methode | Beschreibung | Ziel der Methode |
|---|---|---|
| Verabredungs-kalender[90] | Der Verabredungskalender ermöglicht das schnelle Zusammenkommen von Paaren. Jedes Kind hat einen Verabredungskalender, auf dem es vier[91] Partner eingetragen hat. Vor dem Eintragen muss mit dem Partner eine Vereinbarung darüber getroffen werden, sich gegenseitig als Partner zu wählen. Die unterschiedlichen Partner werden nacheinander gefunden und als „Partner Nr.1" usw. eingetragen. Wenn der Lehrer nun eine Partnerarbeit initiieren will, braucht er nun nur noch die Anweisung zu geben: „Triff dich mit deinem Partner Nr.3 und...". Die Lehrkraft kann die Partner auch bestimmen, wenn sie zum Bespiel leistungshomogene oder leistungsheterogene Paare wünscht. Oder die Lehrkraft kann die Partnerfindung durch Bedingungen | Partnerfindung |

---

[86] Vgl. ebd., S. 15.
[87] Vgl. Bochmann/Kirchmann 2006, S. 56.
[88] Vgl. ebd., S. 57.
[89] Es wurden kooperative Methoden eingeführt, die es bereits gibt. Zum Teil wurde den Methoden aber ein anderer Name gegeben, da die Verfasserin englische Bezeichnungen für Schülerinnen und Schüler der 1. Klasse nicht für angemessen hält. Anhand der Fußnoten kann der Leser rekonstruieren, um welche „ursprünglichen" Methoden es sich bei den eingeführten Methoden handelt. Auch fand zum Teil eine Veränderung der Methoden statt, da diese von der Verfasserin im Rahmen der Anbahnung in einem ersten Schuljahr als sinnvoll erachtet wurde.
[90] Vgl. Bochmann/Kirchmann 2006, S. 62.
[91] Natürlich kann die Lehrkraft entscheiden, wie viele Partner der Verabredungskalender ermöglicht.

| | | |
|---|---|---|
| | beeinflussen, wie zum Beispiel „Dein Partner Nr.2 ist ein Junge, wenn du selbst ein Mädchen bist" oder „Dein Partner ist nicht dein Sitznachbar".[92] | |
| Partner-Kontrolle[93] | Bei der Partnerkontrolle arbeiten zwei Kinder gemeinsam an Aufgaben, erklären sich ihre Lösungswege, helfen und korrigieren sich. Diese Methode ist in allen Fächern und mit allen Aufgaben möglich. Der Ablauf sieht so aus, dass einer der Partner mit einer Aufgabe beginnt und seine Gedanken dazu äußert. Der andere Partner hat in dieser Situation die Rolle des „Helfers", „Ermutigers" und hackt die richtige Lösung ab.[94] | Partnerarbeit |
| Arbeit mit einem Partner[95] | Diese Methode findet sich so nicht ausdrücklich in der Literatur. Bei dieser Methode arbeiten zwei Kinder zusammen an einer Aufgabe und haben als gemeinsames Ziel die Lösung dieser Aufgabe vor Augen. Dabei arbeiten die Kinder zusammen, sie unterstützen und helfen sich, sie bestimmen selbstständig, welche Schritte sie gemeinsam gehen, um die Aufgabe zu lösen. Die Lehrkraft legt keine „Rollen" fest. | Partnerarbeit |
| Ich-Du-Wir-Methode[96] | Bei dieser Methode arbeiten die Schülerinnen und Schüler zunächst in Einzelarbeit, treffen sich dann mit einem Partner und stellen sich gegenseitig ihre Ergebnisse vor. Anschließend kommen entweder zwei Paare in einer Gruppe zusammen oder die ganze Klasse trifft sich und die Ergebnisse werden vorgestellt. Dieses kooperative Element kann in jede Unterrichtsstunde eingebaut werden. Der Vorteil dieser Methode ist, dass die Kinder ihr Ergebnis nicht sofort vor der gesamten Klasse präsentieren müssen, sondern die Chance haben, ihr Ergebnis zunächst einem Kind zu | Partnerarbeit |

---

[92] Vgl. Green/Green 2010, S. 104.

[93] Vgl. Bochmann/Kirchmann 2006, S. 64. Bochmann und Kirchmann nennen die Methode „Paar-Kontrolle" oder „Pair-Check".

[94] Vgl. ebd., S. 64.

[95] Diese Methode findet sich so nicht ausdrücklich in der Literatur. Der Verfasserin war die Einführung dieser Methode wichtig, um die Kinder für die Zusammenarbeit mit einem Partner zu sensibilisieren. Außerdem sollte den Kindern bei dieser Methode mehr Selbstständigkeit gegeben werden.

[96] Bei dieser Methode handelt es sich um das Grundprinzip des Kooperativen Lernens. (Vgl. Brüning/Saum 2009, S. 17.) Synonyme Bezeichnungen für diese Methode sind „Think – Pair – Share" (Vgl. Brüning/Saum 2009, S. 17) oder „„Think – Pair – Square" (Vgl. Bochmann/Kirchmann 2006, S. 43), auch wenn es kleine Unterschiede gibt. Das Grundprinzip des Kooperativen Lernen besteht darin, dass zuerst allein versucht wird eine Aufgabe zu lösen, anschließend findet das Treffen mit einem Partner statt und man stellt sich gegenseitig die Lösungen oder Lösungsversuche vor und danach trifft man sich mit noch einem Paar oder im Plenum und spricht über die gefundenen Lösungen. Eventuell ist die Bezeichnung „Ich-Du-Wir-Methode" daher nicht ganz glücklich gewählt, da es sich nicht „nur" um eine Methode, sondern um das Grundprinzip des Kooperativen Lernens handelt. So geht auch den anderen Methoden, wie zum Beispiel dem Doppelkreis eine Phase voraus, in der die Kinder selbstständig eine Aufgabe lösen und diese anschließend ihrem Partner im Doppelkreis vorstellen.

| | präsentieren und sich über das Ergebnis auszutauschen.[97] | |
|---|---|---|
| Doppelkreis[98] | Das besondere dieser Methode ist, dass alle Kinder der Klasse gleichzeitig aktiv sind, denn entweder sind sie Sprecher oder Zuhörer. Bei dieser Methode werden ein Innen- und ein Außenkreis gebildet, wobei die Kinder sich so setzten, dass sich jeweils ein Kind des Innenkreises und Kind des Außenkreises gegenüber sitzen. Dann findet der Austausch zu einem beliebigen Thema statt. Das Besondere ist, dass zuerst der eine der Partner redet und der andere zuhört. Der „Zuhörer" fasst anschließend das Gesagte noch einmal kurz zusammen. Damit wird gewährleistet, dass er „aktiv" zuhört. Nun werden durch die Rotation eines Kreises neue Paare gebildet. Auf diese Weise haben die Kinder die Möglichkeit, sich mit unterschiedlichen Partnern auszutauschen.[99] | Partnerarbeit |
| 3-Finger-Einschätzung[100] | Diese Methode dient dazu, die eigene Leistung zu reflektieren. Dabei können fachliche, soziale oder methodische Ziele reflektiert werden. Eingesetzt werden kann die Methode nach Partner-, Gruppen- oder auch Einzelarbeitphasen. Nach dem Ende einer Phase wird durch das Zeigen von drei (super), zwei (okay) oder einem Finger (gar nicht gut) angezeigt, wie die eigene Leistung bewertet wird. Es ist auch möglich, dass die Einschätzung gemeinsam mit einem Partner oder in der Gruppe durchgeführt wird. Dann reflektieren die Partner oder die Gruppe gemeinsam und einigen sich auf eine gemeinsame Einschätzung. | Selbsteinschätzung |

Die Methodenauswahl hat sich an der Lerngruppe und ihren Vorkenntnissen zu orientieren.[101] Die Lehrkraft hat die Vorerfahrungen ihrer Lerngruppe in Bezug auf die Kenntnis von kooperativen Methoden, die Erfahrungen mit Partnerarbeit und die sozialen und damit auch auf die kommunikativen Kompetenzen zu erheben und auf dieser Grundlage die Methoden auszuwählen. Die Begründungen für die Auswahl der einzelnen Methoden und die Begründung der Reihenfolge, in der die Methoden eingeführt wurden, finden sich in Tabelle 3.

---

[97] Vgl. Weidner 2009, S. 163.
[98] Vgl. Bochmann/Kirchmann 2006, S. 64. Weidner nennt die Methode „Innerer – äußerer – Kreis". (Vgl. Weidner 2009, S. 170.)
[99] Vgl. Bochmann/Kirchmann 2006, S. 64.
[100] Vgl. ebd., S. 70.
[101] Vgl. ebd., S. 57.

Tabelle 3:

| Unterrichts-stunde | Kooperative Methoden | Begründung |
|---|---|---|
| 1 | • Verabredungskalender | → Kinder arbeiten mit einem Partner ihrer Wahl zusammen, damit ihnen die „Annäherung" an die Arbeit mit einem Partner leichter fällt |
| | • Partner-Kontrolle | → Die Methode hat einen klaren Ablauf[102] und ist leicht verständlich |
| | • 3-Finger-Einschätzung | → Ab der ersten Stunde wird die Selbstreflexion in Bezug auf die Einhaltung der Sozialziele geübt |
| 2 | • Verabredungskalender | → Kinder arbeiten mit einem „neuen" Partner ihrer Wahl zusammenarbeiten, damit ihnen die „Annäherung" an die Arbeit mit einem Partner nicht zu schwer fällt |
| | | → Vertiefung der Methode „Partner-Kontrolle" |
| | • Partner-Kontrolle | → Üben der Selbsteinschätzung |
| | • 3-Finger-Einschätzung | |
| 3 | • Arbeit mit einem Partner | → Kinder sollen den „Wert" der Arbeit mit einem Partner erkennen |
| | • 3-Finger-Einschätzung | → Üben der Selbsteinschätzung |
| 4 | • Verabredungskalender | → Die Partner wurden von der Lehrkraft festgelegt, um leistungsheterogene Paare bilden zu können |
| | • Arbeit mit einem Partner | → „Wert" der Partnerarbeit wahrnehmen und Einüben und Vertiefen der Methode |
| | • 3-Finger-Einschätzung | → Üben der Selbsteinschätzung |
| 5 | • Ich-Du-Wir-Methode | → Einführung einer neuen Methode und Gewöhnung an zufällige Partner durch das Anklammern |
| | • 3-Finger-Einschätzung | → Üben der Selbsteinschätzung |
| 6 | • Ich-Du-Wir-Methode | → Einüben und Vertiefen der Methode |
| | • 3-Finger-Einschätzung | → Üben der Selbsteinschätzung |
| 7 | • Doppelkreis | → Einführung einer neuen Methode |
| | • 3-Finger-Einschätzung | → Üben der Selbsteinschätzung |

---

[102] Vgl. Bochmann/Kirchmann 2008, S. 19.

| 8 | • Ich-Du-Wir-Methode | → Einüben und Vertiefen der Methode |
|---|---|---|
|   | • 3-Finger-Einschätzung | → Üben der Selbsteinschätzung |
| 9 | • Doppelkreis | → Einüben und Vertiefen der Methode |
|   | • 3-Finger-Einschätzung | → Üben der Selbsteinschätzung |

Bei der Einführung der Methoden macht es Sinn, eine Methode nach der anderen einzuführen, damit die Schülerinnen und Schüler die Methode kennenlernen und einüben können.[103] Im Rahmen dieser Arbeit wurde noch keine Gruppenarbeit eingeführt, da es sich um ein erstes Schuljahr handelt und die Kinder zunächst in der Arbeit mit einem Partner Sicherheit und Übung gewinnen sollen. Langfristig gesehen kann bestimmt auch mit Kindern der ersten Klasse das Arbeiten in einer Gruppe angebahnt werden.

### 3.3.4 Planung der Unterrichtsreihe

Nachdem die kooperativen Methoden, die eingeführt werden, ausgewählt sind, kann mit der Planung der Unterrichtsreihe begonnen werden. Natürlich korrespondieren bei der Unterrichtsplanung methodische und didaktische Überlegungen, Überlegungen zur „Sache", die fachlichen, sozialen, methodischen und individuellen Ziele und die Lernvoraussetzungen der Schülerinnen und Schüler miteinander und sind nicht einzeln „abzuarbeiten".[104] Daher kann die Reihenfolge der einzelnen „Arbeitsschritte" an dieser Stelle nicht dargestellt werden. In der vorliegenden Arbeit wurde wie folgt vorgegangen: Zunächst wurden die kooperativen Methoden bestimmt. Um diese kooperativen Methoden herum wurde dann die Unterrichtsreihe geplant. Weil die Anbahnung kooperativer Lernformen das Ziel der Unterrichtsreihe ist, ist es meiner Meinung nach legitim und notwendig, von den kooperativen Methoden auszugehen und die Unterrichtsreihe im Hinblick darauf zu planen. Normalerweise stehen methodische Entscheidungen nicht am Beginn der Unterrichtsplanung.

Die Unterrichtsreihe zur Anbahnung kooperativer Lernformen umfasst neun Unterrichtsstunden.

Bei der Planung der einzelnen Unterrichtsstunden ist unbedingt darauf zu achten, dass die unten Punkt 2.4 aufgeführten fünf Basiselemente des Kooperativen Lernens beachtet werden. Im Hinblick auf die einzelne Unterrichtsstunde muss sich die Lehrkraft die Frage stellen, inwieweit diese Elemente in ihrer Planung bereits berücksichtigt sind oder wie die Stunde umstrukturiert werden kann, damit möglichst viele dieser Elemente zum Tragen kommen. Wünschenswert ist

---

[103] Vgl. ebd., S. 56.
[104] Vgl. Bartnitzky/Christiani (Hrsg.) 2002, S. 262f.

es, dass möglichst viele dieser Elemente in der konkreten Unterrichtsstunde umgesetzt werden. Zum Teil kann dies mit relativ einfachen Mitteln geschehen, zum Teil erfordert dies eine längere und sorgfältigere Planung. Nicht jede Partner- oder Gruppenarbeit ist Kooperatives Lernen, sondern die Etablierung möglichst vieler dieser Elemente trägt dazu bei, dass es eine „kooperative Unterrichtsstunde" wird. Exemplarisch finden sich im Anhang ein Verlaufsplan, aus dem hervorgeht, welche Elemente in der dargestellten Unterrichtsstunde berücksichtig wurden.

Auf das Benennen der fachlichen Ziele der Unterrichtsreihe wird im Rahmen dieser Arbeit verzichtet, da die fachlichen Ziele für die Darstellung dieses Konzepts zur Anbahnung kooperativer Arbeitsweisen nicht relevant sind.

Im Hinblick auf die Planung der Unterrichtsstunden muss man sich auch Gedanken darüber machen, welche Sozialziele bei der vorliegende Lernaufgabe besonders wichtig sind und daher in dieser Stunde besonderes beachtet und gefördert werden sollen. Es ist sinnvoll, für jede Unterrichtsstunde einzelne Sozialziele zu bestimmen und mit den Kindern gemeinsam zu thematisieren, was die Einhaltung dieses Sozialziels ausmacht und wodurch sich die Einhaltung zeigt. Die Auswahl der Sozialziele orientiert sich an den Lernvoraussetzungen der Schülerinnen und Schüler, an den kooperativen Methoden, die in der jeweiligen Unterrichtsstunde verwendet werden und an der Lernaufgabe. Zum Teil geht aus den kooperativen Methoden bereits hervor, welche Sozialziele ganz besonders wichtig sind, vor allem, wenn es sich um die Anbahnung in einem ersten Schuljahr handelt. So entschied sich die Verfasserin beispielsweise bei der Methode Partner-Kontrolle[105] für die Sozialziele „Zuhören" und „Loben", weil dies bei dieser Methode ganz besonders wichtig ist und den Kinder durch die Auswahl dieser beiden Sozialziele gleichzeitig vor Augen geführt wird, worauf es bei dieser Methode ankommt.

In der Literatur zum Kooperativen Lernen wird von mehreren Autoren vorgeschlagen, ein sogenanntes „Team-Pin-Board" zu erstellen und hier die Sozialziele der Woche oder des Tages zu visualisieren.[106] In Rahmen dieser Arbeit wurden die Sozialziele ebenfalls visualisiert, auch wenn dem ganzen kein besonderer Name gegeben wurde. Die Sozialziele für die einzelne Stunde wurden den Schülerinnen und Schülern zunächst vorgestellt. Gemeinsam mit den Schülern wurde dann besprochen, was zu sehen und zu hören ist, wenn man sich an diese Sozialziele hält. Es wurden auch mögliche Äußerungen gesammelt, die zu den einzelnen Sozialzielen passen: Zum Beispiel passt zum Sozialziel „Loben" die Äußerung „Das hast du gut gemacht". Das

---

[105] Siehe Tabelle 3 unter Punkt 3.3.3.
[106] Vgl. Bochmann/Kirchmann 2006, S. 38.

Gespräch darüber, was zu sehen und zu hören ist, wenn das Sozialziel eingehalten wird, ist sehr wichtig, denn es trägt zur Zieltransparenz bei und hilft den Kindern bei der anschließenden Selbstschätzung ihrer Leistung.[107] Im Rahmen dieser Arbeit wurden folgende Sozialziele eingeführt: Zuhören, Anschauen, Aussprechen lassen, Loben, Absprechen und Zusammenarbeiten. Es handelt sich bei diesen Sozialzielen um eher „einfache", dafür aber um „grundlegende" Ziele, da es sich um eine erste Klasse handelt und diese Sozialziele aufgrund der Lernvoraussetzungen der Schülerinnen und Schüler angemessen sind.

### 3.3.5 Einführung in der Klasse

Wie sah die Einführung der kooperativen Arbeitsweisen nun ganz konkret im Klassenraum aus? Sehr wichtig ist es, dass die Schülerinnen und Schüler die neue Methode verstehen und „durchdringen". Denn wenn dies nicht der Fall ist, dann haben sowohl die Kinder als auch die Lehrkräfte wenig Freude mit den kooperativen Methoden und, was noch viel wichtiger ist, die „Hauptziele" des Konzepts des Kooperativen Lernens, die höhere Qualität fachlicher Bildung und die Förderung der sozialen Kompetenzen, werden nicht erreicht. Deshalb ist es sehr wichtig, den Kindern die einzelnen kooperativen Methoden angemessen zu erklären und zu erläutern. Da es sich um Erstklässler handelt, die bekanntlich nicht lange zuhören und still sitzen, muss die Lehrkraft sich im Voraus ganz genau überlegen, was sie wirklich sagen will und muss, damit die Methode von den Kindern angemessen durchgeführt werden kann. Bei der Einführung in der ersten Klasse bietet es sich außerdem an, die einzelnen Methoden durch Karten zu visualisieren.[108] Außerdem kann es sinnvoll sein, den Ablauf der einzelnen Methoden und die verschiedenen Aufgaben oder Rollen der Partner vor der Klasse vorspielen zu lassen. So wurde bei der Methode Partner-Kontrolle, nachdem die einzelnen Aufgaben und der Ablauf mit den Kindern besprochen waren, von einem Paar der Ablauf vor der Klasse „vorgespielt". Auf diese Weise erhält die Lehrkraft auch die Rückmeldung, ob die Kinder die Methoden und ihre Besonderheiten verstanden haben. Kinder, die den Ablauf noch nicht verstanden haben, erhalten durch das „Vorspielen" die Möglichkeit zu verstehen, wie man sich bei der Methode verhält.

Es ist auch wichtig, die einzelnen Sozialziele gemeinsam mit den Kindern zu erarbeiten. Den Kindern muss die Wichtigkeit der Einhaltung der Sozialziele bewusst sein und sie müssen

---

[107] Besonders ausführlich äußert sich Weidner in ihrem Buch zur Förderung sozialer Kompetenzen. Siehe dazu das vierte Kapitel in ihrem Buch „Kooperatives Lernen im Unterricht. Das Arbeitsbuch".
[108] In den Büchern von Bochmann und Kirchmann finden sich schöne Visualisierungen für die verschiedenen Methoden. Gerade bei jüngeren Kindern ist es sinnvoll, diese einzusetzen, da der Wiedererkennungswert auf Seiten der Kinder dadurch vergrößert wird.

wissen, worauf es bei den Sozialzielen ankommt und wie sich die Einhaltung zeigt. Die Zieltransparenz ist besonders wichtig im Hinblick auf die 3-Finger-Einschätzung, denn nur wenn den Schülerinnen und Schüler das Ziel klar ist, können sie ihre Leistung anhand dieses Ziels reflektieren.

Ebenfalls von größter Wichtigkeit ist, dass die Lehrkraft sich ihrer veränderten Lehrerrolle bewusst ist und diese wahrnimmt,[109] denn ansonsten kann es dazu kommen, dass die Lehrkraft durch ihr eigenes Verhalten die mühsam in Gang gebrachten kooperativen Prozesse untergräbt.

Begünstigt werden kann die Einführung kooperativer Arbeitsweisen durch eine Sitzordnung, bei der die Kinder an Gruppentischen sitzen, denn dann sind kooperative Methoden, bei denen mit einem Partner oder in einer Gruppe gearbeitet wird, am unkompliziertesten durchzuführen. Die Verfasserin strukturierte die Sitzordnung in der Klasse nicht um, da während der Anbahnung der kooperativen Arbeitsweisen die Klassenlehrerin für drei Wochen erkrankt war und die Absprache über eine mögliche veränderte Sitzordnung zuvor nicht getroffen worden ist. Doch trotz dieser „normalen" Sitzordnung war die Einführung kooperativer Methoden ohne größere Probleme möglich. Werden die oben benannten Hinweise beachtet, steht der Anbahnung des Kooperativen Lernens nichts mehr im Weg. Natürlich wird und kann nicht alles von Anfang an „glatt" laufen und es tauchen sicher auch Schwierigkeiten auf, doch es gilt, sich von seinem Weg nicht abbringen zu lassen. Wenn man dies tut, wird man den Erfolg und die Vorteile des Kooperativen Lernens früher oder später feiern und genießen dürfen – gemeinsam mit seinen Schülerinnen und Schülern!

## 4. Reflexion

### 4.1 Erfahrungen mit den Methoden[110]

Insgesamt sind die Erfahrungen, die ich mit den Methoden gemacht habe, durchweg positiv. Besonders bemerkenswert und außergewöhnlich fand ich, dass die Kinder den Methoden so offen gegenüberstanden. Ich habe im Vorfeld gedacht, dass es zu kleineren Problemen kommen könnte, weil nicht alle Kinder dazu bereit sind, sich auf die Methoden einzulassen und mit einem Partner zusammenzuarbeiten. Diese Befürchtungen erwiesen sich jedoch als vollkommen unbegründet. Die Kinder waren sichtbar motiviert und interessiert und gaben sich die größte Mühe. Nun zu meinen Erfahrungen mit den einzelnen Methoden.

---

[109] Siehe Punkt 2.5.
[110] Die Auflistung und Beschreibung der einzelnen Methoden findet sich unter Punkt 3.3.3.

28

Verabredungskalender: Diese Methode ist einsetzbar, um die Partnerfindung schnell und relativ problemlos zu gestalten. Günstig ist, dass die Lehrkraft sowohl „Wunschpartner" durch die Kinder wählen lassen kann als auch leistungshomogene oder -heterogene Paare bilden kann. Den Verabredungskalender als Methode zur Partnerfindung würde ich immer wieder einführen und werde ihn weiterhin einsetzen.

Partner-Kontrolle: Bei dieser Methode fiel mir auf, dass der Ablauf der einzelnen Schritte mit den Kindern ganz genau besprochen werden muss, damit die Methode funktioniert. Da die Kinder während der Partnerarbeit quasi die Rollen unentwegt tauschen, denn sie sind mal der „Zuhörer und Lober" und dann wieder der „Schreiber", hatte ich den Eindruck, dass die Methode für die Kinder etwas verwirrend war. Sicher bekommen sie Übung darin, wenn man die Methode öfters wiederholt. Zum Teil fiel es mir schwer, für die Einführung dieser Methode Lernaufgaben für den Deutschunterricht in einer ersten Klasse zu finden.

Ich-Du-Wir-Methode: Diese Methode ist gerade im Deutschunterricht durchgängig einsetzbar und es ist nicht besonders schwer, eine Unterrichtsstunde mit dieser Methode kooperativ zu gestalten. Das Anklammern an der „Ich-Du-Wir-Leiste" und damit das Finden des Partners gelingen den Kindern schnell sehr gut. Ich kann diese Methode nur empfehlen und habe durchweg positive Erfahrungen mit ihr gemacht. Es handelt sich hierbei um das eigentliche Grundprinzip des Kooperativen Lernens.

Arbeit mir einem Partner: Bei dieser Methode ist mir aufgefallen, dass einzelne Paare darin bestärkt werden mussten, die einzelnen Schritte zur Erreichung des Ziels mit ihrem Partner wirklich abzusprechen und zu klären, wer welche Aufgabe übernimmt. Diese Methode erfordert von den Kindern ein höheres Maß an Selbstständigkeit. Zum Teil fehlen den Kindern diese Selbstständigkeit und die Übung darin, das gemeinsame Vorgehen mit einem Partner abzusprechen. Aber gerade unter anderem deshalb werden kooperative Methoden eingesetzt, um die sozialen Kompetenzen der Kinder zu fördern. Diese Methode ist eine gute „Vorübung" und Vorbereitung auf eine Gruppenarbeit, die relativ „frei" gestaltet ist und bei der den Kindern das Ausfüllen der einzelnen Rollen selbstständig überlassen wird.

3-Finger-Einschätzung: Die Vorteile dieser Methode sind, dass die Kinder das Prinzip sehr schnell verstanden haben. Außerdem ist diese Methode zur Selbstreflexion schnell und problemlos durchführbar, hat aber einen großen Wert, da sie die Selbstreflexionsfähigkeit fördert. Auffällig ist, dass es hinsichtlich der Reflexionsfähigkeit der Kinder natürlich Unterschiede gibt und dass die Reflexionsfähigkeit von Erstklässlern unbedingt ausgebaut werden muss. Das kann durch diese Methode durchaus geschehen. Der verstärkte Einsatz dieser

Methode wird sicherlich dazu führen, dass die Kinder ihre Selbstreflexionskompetenz mit der Zeit verbessern und die von ihnen erbrachten Leistungen immer besser einschätzen können.

Doppelkreis: Den Ablauf dieser Methode haben die Kinder relativ schnell verstanden. Etwas schwer fiel es den Kindern jedoch, sich auf ihren Gesprächspartner zu konzentrieren, während so viele andere um sie herum auch sprechen. So meinte ein Junge gleich zu Beginn, dass er dem, was sein Partner sagt, einfach nicht folgen könne. Sicher müssen die Kinder diese Methode einige Male üben, um sich mit der Zeit daran zu gewöhnen, vor dem Hintergrund einer Geräuschkulisse den Ausführungen ihres Partners zu folgen.

## 4.2 Darstellung der Ergebnisse

### 4.2.1 Eigene Einschätzung

Es soll nun anhand der Kriterien und Indikatoren, die unter Punkt 1.6 aufgeführt sind, überprüft werden, inwieweit die Ziele der Arbeit erreicht wurden. Zunächst zu dem ersten Ziel: Alle Kinder der Klasse 1b kennen nun mehrere kooperative Arbeitsformen und wissen, wie in diesen kooperativen Arbeitsformen miteinander gearbeitet wird. Damit kann also gesagt werden, dass das erste Ziel erfüllt ist.[111]

Das zweite Ziel ist die Förderung sozialer Kompetenzen: Durch die Arbeit in kooperativen Arbeitformen an sich und durch die Einführung und Einhaltung von Sozialzielen hat eine Förderung der sozialen Kompetenzen der Schülerinnen und Schüler stattgefunden. Dies zeigt sich darin, dass alle Kinder der Klasse in der Lage sind, mit einem Partner zusammenzuarbeiten und sich auf einen Partner einzulassen. Außerdem bemühen sich die Kinder um die Einhaltung der Sozialziele für die jeweilige Unterrichtsstunde, wie Anschauen oder Aussprechen lassen.

Das dritte Ziel der Arbeit, die Förderung der kommunikativen Kompetenzen steht in Verbindung mit dem zweiten Ziel. Die kommunikativen Kompetenzen der Kinder wurden dadurch gefördert, dass kooperativ angelegte Unterrichtsstunden dem einzelnen Kind mehr Raum für das eigene Sprechen bieten. Außerdem haben die Kinder im Rahmen der Sozialziele unterschiedliche Gesprächsregeln kennengelernt. Das Kennen und Einhalten dieser Gesprächsregeln führt zu einer Erhöhung der kommunikativen Fähigkeiten der Kinder.

---

[111] Damit die Kinder die kooperativen Methoden nicht vergessen, muss darauf geachtet werden, dass die Methoden immer wieder im Unterricht verwendet werden. Erst wenn den Kindern die Methoden vertraut sind, können die Erfolge verzeichnet werden, die das Konzept des Kooperativen Lernens verspricht.

Ein weiteres Ziel der Arbeit war der respektvolle Umgang miteinander. Durch das Einhalten der Gesprächsregeln zeigt sich, ob man seinem Gegenüber Respekt entgegenbringt. Sicher ist das Verhalten der Kinder im Hinblick auf dieses Ziel noch ausbaufähig, aber das Ziel, den respektvollen Umgang miteinander zu fördern, wurde erreicht. Eine Einschränkung muss jedoch gemacht werden: Auch nach der Unterrichtreihe gibt es noch Kinder, die anderen Kindern gegenüber Vorurteile äußern und nicht bereit sind, mit jedem Kind aus der Klasse zusammenzuarbeiten. An dieser Stelle sollte angesetzt werden, um das Miteinander der Kinder noch mehr zu fördern: Keiner sollte ausgeschlossen werden. Doch es wäre sicherlich utopisch, anzunehmen, dass man dieses Ziel schnell und mit „einfachen" Mitteln erreichen kann.

Das fünfte und letzte Ziel der Arbeit ist die Förderung der Reflexionsfähigkeit: Die Kinder haben die 3-Finger-Einschätzung kennengelernt und können diese Methode zur Einschätzung ihrer eigenen Leistung heranziehen. Die Reflexionsfähigkeit der Kinder ist aber auf jeden Fall noch ausbaufähig und wurde mit dem Kennenlernen dieser Methode nur angebahnt. Die Frage, ob die Kinder ihre Leistungen nach der Unterrichtsreihe besser einschätzen können als vor der Unterrichtsreihe kann nicht eindeutig beantwortet werden. Einigen Kindern fällt eine Einschätzung ihrer Leistung nämlich noch sehr schwer. Zum Teil muss den Kindern das Ziel noch klarer vor Augen geführt werden, um ihnen die Einschätzung ihrer Leistung zu erleichtern. Insgesamt kann gesagt werden, dass die Ziele, die in Verbindung mit dieser Arbeit gesetzt wurden, erreicht wurden.

### 4.2.2 „Fremdeinschätzung"

Damit die Erfüllung der Ziele dieser Arbeit nicht nur von der Verfasserin selbst beurteilt werden, sondern auch ein Außenstehender eine Einschätzung über die Erreichung der angestrebten Ziele abgibt, wurden der Klassenlehrerin der Klasse 1b die Ziele, Kriterien und Indikatoren[112] vorgestellt und sie beobachtete die letzten beiden Unterrichtsstunden innerhalb der Reihe.[113] Anhand der Kriterien und Indikatoren sollte sie einschätzen, inwieweit die Ziele der Arbeit erreicht wurden. Insgesamt sprach sie sich positiv im Hinblick auf die Erreichung der Ziele eins bis vier aus. Beim fünften Ziel, der Förderung der Selbstreflexionsfähigkeit der Kinder, führte sie an, dass die Kinder die 3-Finger-Einschätzung kennen, aber sie sich nicht darüber im Klaren ist, inwieweit alle Kinder die Methode auch richtig anwenden. Auch hatte sie ihre Zweifel, ob

---

[112] Siehe Punkt 1.5 und 1.6.
[113] Leider war es aus organisatorischen Gründen nicht möglich, dass die Klassenlehrerin in weiteren Unterrichtsstunden anwesend war und sich auf diese Weise ein noch genaueres Bild im Hinblick auf die Erreichung der Ziele machen konnte, da sie aus gesundheitlichen Gründen drei Wochen verhindert war.

die Kinder ihre Leistungen nun besser einschätzen können als vor der Unterrichtsreihe. Die Fähigkeit der Kinder zur Selbsteinschätzung ist sicherlich noch ausbaufähig, daran dürfte kein Zweifel bestehen, aber zumindest haben die Kinder mit der 3-Finger-Einschätzung eine Möglichkeit kennengelernt, ihre eigene Leistung einzuschätzen und zu reflektieren.

### 4.2.3 Einstellung der Schülerinnen und Schüler zum Kooperativen Lernen

Unter Punkt 3.1.3 wurden die Ergebnisse der Einstellung der Schülerinnen und Schüler zum Kooperativen Lernen vor der Anbahnung kooperativer Arbeitsweisen dargestellt. Auch nach der Anbahnung fand eine „kleine" Erhebung statt. In Bezug auf die ersten vier und das sechste Item sind keine großen Veränderungen festzustellen: Die Einstellung der Kinder sowohl Partner- als auch Gruppenarbeit gegenüber ist positiv geblieben. In Bezug auf das fünfte Item ist eine leichte Verbesserung festzustellen: Nur noch ein Kind zeigte auf den „traurigen" Smilie, vorher waren es vier Kinder gewesen. Schlussfolgern lässt sich daraus, dass die Kinder „den Wert" von Partnerarbeit nach der Anbahnung etwas besser „wahrnehmen". Insgesamt ist die Einstellung der Kinder zur Partnerarbeit auch vor der Anbahnung erstaunlich positiv gewesen und hat sich mit der Anbahnung nicht wesentlich verändert. Hier kann von einem „kleinen" Erfolg gesprochen werden: Die Kinder hatten keine gravierenden Misserfolgserlebnisse, die zu einer Verschlechterung ihrer Einstellung in Bezug auf die Arbeit mit einem Partner dazu geführt hätte. Die Erhebung hat keine großen Veränderungen in Bezug auf die Einstellung der Schülerinnen und Schüler zur Partnerarbeit aufgezeigt.[114]

### 4.3 Reflexion der eigenen Lehrerrolle

Der Lehrer hat im kooperativen Unterricht selbst im Grunde ein leichteres Leben als im „lehrerzentrierten" Unterricht. Er steht nicht ständig im Mittelpunkt des Geschehens, sondern agiert als Lernbegleiter und Beobachter der Lernprozesse seiner Schülerinnen und Schüler. Aus seinen Beobachtungen hat er Schlüsse für die Weiterarbeit zu ziehen. Da das Kooperative Lernen auch für mich noch recht neu ist, fiel es mir schwer, mich auf die Arbeit einzelner Paare zu konzentrieren und diese genau zu beobachten. Ich hatte eher die „gesamte" Lerngruppe im Blick und beobachtete, ob alle Kinder wissen, was sie zu tun haben. In der Zukunft muss ich als Lehrkraft verstärkt einzelne Paare beobachten, um den Kindern anschließend auch Rückmeldungen zu ihren Leistungen geben zu können und aus meinen Beobachtungen

---

[114] Eine weitere Möglichkeit, die Einstellung der Kinder noch genauer zu erheben, wäre die Durchführung von Einzelinterviews. Dann könnten die Kinder vertieft zu ihrer Einstellung befragt werden.

Konsequenzen im Hinblick auf die weitere Unterrichtsplanung ziehen zu können. Hinzu kam, dass die Methoden für die Kinder natürlich noch neu waren und zum Teil noch einige Unsicherheiten hinsichtlich des Ablaufes auftraten.

Insgesamt habe ich festgestellt, dass kooperativ angelegter Unterricht ein „Umdenken" in Bezug auf die eigene Lehrerrolle erfordert, um durch das eigene Lehrerverhalten die kooperativ angelegten Lernprozesse nicht zu untergraben. Außerdem ist es wichtig, wie Weidner anführt, Irrwege und Fehler zuzulassen[115], damit die Schülerinnen und Schüler sich mit der Aufgabe intensiv auseinander setzen und früher oder später zu „ihrer" Lösung kommen. Wenig hilfreich für den Lernprozess der Kinder ist es, ihnen bei einem zunächst falschen Lösungsweg ihrerseits die richtige Lösung wie auf einem „silbernen Tablett" einfach zu präsentieren. Jeder muss Wissen für sich aktiv und selbstständig aufbauen! Ganz bestimmt kann und muss ich mich selbst in meiner Lehrerrolle weiterhin beobachten und reflektieren, ob ich durch mein Verhalten die Selbstständigkeit der Schülerinnen und Schüler fördere oder diese eher untergrabe. Ich stehe gemeinsam mit den Kindern erst am „Anfang des Weges".

4.4 Aufzeigen der Lehrerfunktionen

Die Rahmenverordnung für den Vorbereitungsdienst in Studienseminar und Schule führt sieben verschiedene Lehrerfunktionen auf. In der vorliegenden Arbeit lassen sich zwei dieser Lehrerfunktionen ausmachen: Die Lehrerfunktion Unterrichten und die Lehrerfunktion Erziehen. Zunächst zur Lehrerfunktion Unterrichten: Im Rahmen der Arbeit wurden kooperative Methoden eingeführt und damit vermittelt. Um diese Vermittlung durchführen zu können, wurde eine Unterrichtsreihe geplant und es wurden Entscheidungen im Hinblick auf fachlichen, sozialen, individuelle und methodischen Ziele getroffen. Ebenso wurde durch die Arbeit das selbstständige Lernen der Schülerinnen und Schüler gefördert, denn im kooperativ angelegten Unterricht werden die Kinder aktiver und auch selbstständiger als im „herkömmlichen" Unterricht.

Nun zu der Lehrerfunktion Erziehen: Diese findet in der Arbeit Berücksichtigung, da die kooperativen Methoden zur Entwicklung einer Persönlichkeit beitragen, die sich sozial verantwortlich fühlt.[116] Die Kinder lernen, sich zunehmend und langsam von ihrem egoistischen Denken zu distanzieren und sich auch für andere verantwortlich zu fühlen. Die Einführung der

---

[115] Vgl. Weidner 2009, S. 128.
[116] RdErl. der Ministeriums für Schule, Jugend und Kinder: Rahmenvorgabe für den Vorbereitungsdienst in Studienseminar und Schule. Vom 1. Juli 2004.

kooperativen Methoden trägt außerdem dazu bei, die Kinder in ihrer Persönlichkeitsentwicklung zu stärken, da die Kinder im kooperativen Unterricht ihre Selbstkompetenzen und ihre Sozialkompetenzen ausbauen.

### 4.5 Zusammenfassende Wertung

Zusammenfassend lässt sich sagen, dass es der Verfasserin viel Freude gemacht hat, kooperative Arbeitformen einzuführen. Die Kinder waren motiviert, interessiert und bereit, sich auf etwas Neues einzulassen. Durch die Einführung der kooperativen Arbeitsweisen haben sie ihre Kommunikations- und Kooperationsfähigkeit ausgebaut. Außerdem haben sie erfahren, dass die Zusammenarbeit mit anderen sehr förderlich ist, da man bei der Bearbeitung einer Aufgabe nicht nur auf seine eigenen Kompetenzen angewiesen ist, sondern auch von den Kompetenzen anderer profitieren kann und sich auf diese Weise gegenseitig unterstützt: Es ist ein Geben und Nehmen. Diesen Weg des Kooperativen Lernens, den die Kinder eingeschlagen haben, gilt es nun weiter-zugehen.

Noch erfolgversprechender für das Kooperative Lernen in der Klasse wäre es, wenn nicht nur die Verfasserin dieser Arbeit, sondern auch andere Lehrkräfte, die in dieser Klasse unterrichten, kooperative Arbeitsweisen in ihren Unterricht einbauen, denn dann würden sich die Kinder viel stärker mit dem Kooperativen Lernen „identifizieren" und würden schneller mit den verschiedenen kooperativen Methoden „vertraut sein". Es ist daher sinnvoll und notwendig, mit Kolleginnen und Kollegen zu kooperieren und ihnen das Kooperative Lernen nahezubringen.

### 4.6 Ausblick

Der Grundstein für das Kooperative Lernen wurde mit der vorliegenden Arbeit in der Klasse 1b gelegt. Nun gilt es, dass die Kinder sich an kooperative Arbeitsformen mehr und mehr „gewöhnen" und die Vorteile dieser veränderten Form des Lernens immer mehr „am eigenen Leib" erfahren. Gewinnbringendes Kommunizieren und Kooperieren lernt man nicht einfach „nebenbei". Um auf dem „Weg des Kooperativen Lernens" zu bleiben und voranzugehen, sind sicherlich noch viele Stunden des „Ausprobierens und Einübens" notwendig. Doch wie schwer dieser Weg zum Teil auch sein mag, es ist ein lohnender Weg.

Letztlich bleibt zu hoffen, dass von der Anbahnung kooperativer Arbeitsweisen in diesem ersten Schuljahr auch „kleine" Impulse auf die Schule ausgehen und einige Lehrkräfte sich verstärkt dazu herausfordern lassen, sich auf den „Weg des Kooperativen Lernens" zu machen. Bekanntlich beginnt jeder Weg mit dem ersten Schritt.

# 5. Literaturverzeichnis

Bovet, Gislinde/Huwendiek (Hrsg.): Leitfaden Schulpraxis. Pädagogik und Psychologie für den Lehrerberuf. 5. überarb. Aufl., Berlin 2008.

Bochmann, Reinhard/Kirchmann, Ruth: Kooperatives Lernen in der Grundschule. Zusammen arbeiten – Aktive Kinder lernen mehr. Essen 2006.

Bochmann, Reinhard/Kirchmann, Ruth: Kooperativer Unterricht in der Grundschule. Teamarbeit als Motor für individuelles Lernen. Essen 2008.

Brüning, Ludger/Saum, Tobias: Erfolgreich unterrichten durch Kooperatives Lernen. Strategien zur Schüleraktivierung. 5. überarb. Aufl., Essen 2009.

Green, Norman/ Green, Kathy: Kooperatives Lernen im Klassenraum und im Kollegium. Das Trainingsbuch. 5. Aufl., Seelze 2010.

Landesprüfungsamt für Zweite Staatsprüfungen für Lehrämter an Schulen: Hinweise zur Hausarbeit. Stand: November 2006.

Meyer, Hilbert: Was ist guter Unterricht? 6. Aufl., Berlin 2009.

Ministerium für Schule und Weiterbildung des Landes Nordrhein-Westfalen (Hrsg.): Kompetenzorientierung – Eine veränderte Sichtweise auf das Lehren und Lernen in der Grundschule. Handreichung. Frechen 2008.

Ministerium für Schule und Weiterbildung des Landes Nordrhein-Westfalen (Hrsg.): Richtlinien und Lehrpläne für die Grundschule in Nordrhein-Westfalen. Frechen 2008.

Weidner, Margit: Kooperatives Lernen im Unterricht. Das Arbeitsbuch. 5. Aufl., Seelze-Velber 2009.

RdErl. des Ministeriums für Schule, Jugend und Kinder: Rahmenvorgabe für den Vorbereitungsdienst in Studienseminar und Schule. Vom 1. Juli 2004.

# 6. Internetquellenverzeichnis

blikk - Schulen entwickeln Südtirol - http://blikk.it/angebote/schulegestalten/se_suedtirol/se_koor_0902.htm (zuletzt gesehen: 14.05.11)

## 7. Anhang

Items für die Erhebung der Einstellung der Schülerinnen und
Schüler zum Kooperativen Lernen

| | ☺ | 😐 | ☹ |
|---|---|---|---|
| 1. Ich arbeite gerne mit einem Partner. | | | |
| 2. Ich arbeite gerne in einer Gruppe. | | | |
| 3. Ich kann mit jedem Kind aus meiner Klasse arbeiten. | | | |
| 4. Meine Arbeit mit einem Partner hat bis jetzt gut geklappt. | | | |
| 5. Ich lerne mit einem Partner besser als allein. | | | |
| 6. Lernen mit einem Partner macht mehr Spaß als alleine lernen. | | | |

**Verlaufsplan der ersten Unterrichtsstunde im Rahmen der Anbahnung kooperativer Arbeitsweisen**

| Phase | Unterrichtsgeschehen | *Sozialform* | Medien |
|---|---|---|---|
| **Einstieg** | • Begrüßung<br>• Ziel und Verlauf der Stunde<br>• Einführung des Verabredungskalenders<br>• Erarbeitung der Aufgabenstellung<br>• Erarbeitung der Methode „Partner-Kontrolle"[117]<br>• Nennen und Besprechen der Sozialziele der Stunde | *Frontal* | • Symbole<br>• Tafel<br>• Karten mit Sozialzielen<br>• Plakat für Sozialziele |
| **Erarbeitung** | • Partnerfindung mittels Verabredungskalender und Aufsuchen des | *Partnerarbeit* | • Arbeitsblatt<br>• Klangstab |

---

[117] Siehe Punkt 3.3.3.

37

| | Arbeitsplatzes<br>• Partner arbeiten zusammen | | |
|---|---|---|---|
| **Reflexion** | • Einführung der Methode „Drei-Finger-Einschätzung"<br>• Selbstreflexion in Bezug auf die Sozialziele mit der „Drei-Finger-Einschätzung" | *Frontal* | • Karten für 3-Finger-Einschätzung |

**Fachliches Ziel/Lernaufgabe:** Die Kinder trainieren das sinnentnehmende Lesen, indem sie Sätze zum Thema Frühling erlesen und anschließend über deren Wahrheitsgehalt entscheiden.

**Sozialziele:** Loben, Zuhören

**Die fünf Basiselemente des Kooperativen Lernens[118] in dieser Unterrichtsstunde:**

**Positive Abhängigkeit**

Zielabhängigkeit: Das Paar verfolgt ein gemeinsames Ziel - Das Lösen der Aufgabe.[119]

Materialabhängigkeit: Pro Paar steht nur ein Arbeitsblatt zur Verfügung.[120]

Abhängigkeit von der Umgebung: Die Kinder sitzen nebeneinander an einem Tisch.[121]

**Individuelle Verantwortlichkeit**

Beide Partner fühlen sich das Erreichen des Zieles verantwortlich und setzen die ihnen zur Verfügung stehenden Kompetenzen ein.[122]

**Partnerbezogene Kommunikation**

Die Partner sitzen an einem Tisch, können gut miteinander kommunizieren und haben beide Zugriff auf die Arbeitmaterialien.[123]

**Soziale Kompetenzen**

In dieser Stunde werden besonders die sozialen Kompetenzen Zuhören und Loben gefördert.

**Prozessevaluation**

Die Kinder reflektieren mit der 3-Finger-Einschätzung, wie gut sie die Sozialziele dieser

Stunde eingehalten haben.

---

[118] Siehe Punkt 2.4.
[119] Vgl. Bochmann/Kirchmann 2006, S. 31.
[120] Vgl. Green/Green 2010, S. 77.
[121] Vgl. ebd., S. 77.
[122] Vgl. Bochmann/Kirchmann 2006, S. 35.
[123] Vgl. ebd., S. 35.